The History of
the Struggle of
Genius Economists

天才経済学者たちの闘いの歴史

経済学史入門

南山大学教授
中矢俊博［著］
Nakaya Toshihiro

William Petty

Adam Smith

John Maynard Keynes

Karl Marx

Thomas Robert Malthus

John Stuart Mill

Carl Menger

Alfred Marshall

Jacques Turgot

同文館出版

はじめに

筆者は、二〇一二年八月、経済学史の初学者向けに、『やさしい経済学史』（日本経済評論社）というブックレットを出版した。総ページ数が六二ページという小さな本である。ページ数が限られていたために、主にイギリスを中心とする経済学史を、本当にやさしく紹介しておいたが、もう少しスペースがあれば、フランスやドイツ・オーストリアで展開された経済学史も取り扱うことができると考えていた。この度、幸いにもそのような機会が与えられたので、より広範な読者を想定した経済学史の入門書を書くことにした。

ところで、経済学史をどのあたりから始めるかについては、様々な意見がある。経済活動は太古の昔から行われてきたからである。通常は、自由な経済活動と資本主義の法則を確立したアダム・スミスから始めるのが一般的である。しかし、今回は、経済循環を最初に取り扱ったケネーなどの重農主義から始めることにした。

現代の経済学では、政府と家計と企業という三経済主体の相互依存関係をもとにした経済循環を理解することが、初学者が最初に学ぶべきこととされている。ケネーには、農業を重視しつつ、地主と農業生産者と商工業者といった三経済主体からなる経済循環の説明がある。これは、アダム・スミスを中心とした古典派経済学の考え方の基礎となったものである。ゆえに、ケネーから始めることが、アダム・スミス以降の経済学を理解していく上で重要であると考えられる。

さて、科学者集団に広く受け入れられている基本的な考え方の枠組みのことをパラダイムと言う。そして、極めて重要な問題に現在の正統派が有効に対処できないために方法論の危機が発生することを、パラダイムの危機と呼んでいる。当時のイギリスで正統派であった重商主義思想（富を金・銀・財宝と捉え、国家統制の下で保護貿易を強く推進した）に対して、富の本質を労働と捉えつつ、分業をベースに市場の拡大を重視した自由貿易を唱え、個人の自由な経済活動を強力に推し進めたアダム・スミスの思想は、まさに経済学の革命と言ってもよい。なぜなら、アダム・スミスはそれ以前のパラダイムを否定し、新しいパラダイムを提示することで、産業革命から始まる資本主義の基礎を築きあげたからである。ケネーなどの重農主義思想を継承しつつ、いわゆる「神の見えざる手」を用いて、需要・供給で決まる市場価格を説明したのがアダム・スミスであって、スミス以後の経済学は、マルクスなどの例外はあっても、彼の唱えた個人の自由な経済活動を中心に回っていくことになる。

本書は、筆者がその面白さに取り憑かれ、三〇年間学生諸君に教えてきた経済学史を、少し詳しく論じたものである。古典を読んだり聞いたりすることは、それが文学や音楽作品だけでなく、どの分野であっても楽しい。経済学も例外ではないのであって、本書の読者にも、経済学史の面白さや楽しさを感じてもらうことができたら幸いである。

最後に、本書の出版にご尽力された同文舘出版の中島治久社長や市川良之編集局長、専門書編集部の角田貴信さんをはじめとした関係者の皆さんに、厚くお礼申し上げる。

二〇一四年一月三一日

南山大学の研究室にて　　中矢　俊博

目　次

第Ⅰ章

経済学史とは何か

経済学史とは、天才経済学者たちの闘いの歴史を、現代に蘇らせる知的な営為である。各時代の天才経済学者は、その当時の経済や科学、政治、文化といった様々な環境の中で、すでにあった考え方に激しく挑戦し、それらを否定した上で新しい理論を作り上げた。彼らはまさに当時の混乱した経済状況の中で、批判的な言葉と創造的な専門用語を用いて、多くの学者を魅了する独自の理論を構築していった。そのような天才経済学者の格闘の記録を紹介し、彼らが作り上げた経済学を歴史に沿って考察するのが、経済学史の研究者に与えられた役割である。

マーク・ブローグが書いた初心者向けの『ケインズ以前の100大経済学者』を見てみると、二〇世紀最大の経済学者と言われるJ・M・ケインズを含めて、天才的な経済学者は一〇〇人いる。その中から誰を選び、何人を学生諸君に紹介するかは、担当者の自由裁量に任されているが、どの教科書にも登場する経済学者は、古典派経済学の祖であるアダム・スミス、彼の後継者であるマルサスとリカードウとJ・S・ミル、『資本論』を書いたマルクス、「限界革命のトリオ」と言われるジェヴォンズとワルラスとメンガー、新古典派経済学のマーシャルとピグー、そして偉大なJ・M・ケインズであろう。

なかでも、天才中の天才と言われている人物が、『道徳感情論』や『国富論』を書いたアダム・スミス、『共産党宣言』や『資本論』を著したカール・マルクス、そして『平和の経済的帰結』や『貨幣論』ならびに『雇用・利子および貨幣の一般理論』を上梓したJ・M・ケインズである。この三人は、誰が経済学の歴史を担当したとしても、必ず取り上げられる最重要人物であり、彼らの書物には偉大な書物だけが醸し出す崇高な雰囲気が感じられる。

最後に、過去の経済学（経済学史）を学ぶ理由を三つ挙げておこう。第一に、経済学の古典は面白いからである。それらは、文学や音楽の古典作品のように、簡単に読んだり聞いたりするという訳にはいかないが、アダム・スミスの『国富論』やマルサスの『人口論』などは、初学者でも読むことは可能である。

第二に、経済学の歴史を紐解くことによって、現代経済学の理解が進むからである。経済学では、歴史の働きが極めて大きいので、過去を無視しては現在を理解することはできない。ケインズも言っているように、未来の目的のために、過去に照らして、現在を研究するのが経済学である。

第三に、経済学史の研究を通じて、研究者自身の視野が広げられ、新しい着想を得ることが多いからである。研究の合間に偉大な経済学者の書物を紐解くと、こんな良い考え方があったのかと驚く。経済学の古典は、まさにアイディアの宝庫であり、学ばずに済ますのはもったいない。

第Ⅱ章

経済学の大きな流れ

まずは、読者の理解を深めるために、今紹介した何名かの天才経済学者を中心に、経済学の大きな流れを見ておきたい。

経済生活は太古の昔から行われており、前著『やさしい経済学史』（日本経済評論社）ではプラトンやアリストテレスなど、古代ギリシャの哲学者の考え方から始めた。しかし、先にも指摘したように、今回は経済循環を最初に取り扱ったケネーなどの重農主義から始めることにした。なぜなら、現代の経済学では、政府と家計と企業という三経済主体の相互依存関係をもとにした経済循環を理解することが、経済学の初学者が最初に学ぶべきことになっているからである。

ケネーには、農業を重視（重農主義）しつつ、地主（地主階級）と農業生産者（生産的労働者階級）と商工業者（非生産的労働者階級）といった三経済主体からなる経済循環の説明がある。これは、アダム・スミスを中心とした古典派経済学の考え方の基礎となったものである。そのような考え方をもとにして、価格メカニズム（神の見えざる手）を用いて科学的に分析したのがアダム・スミスであった。

ところが、アダム・スミス時代の中心的な考え方は、まさに絶対君主制を経済面から支援していた重商主義であった。重商主義は、金・銀・財宝を富と考え、国家が税制優遇や補助金などで完成財輸出を奨励し、関税を課して商品の輸入を抑制することで、貿易差額としての金の流入を促進させた。このような政府による国家独占貿易を強く批判し、自由貿易による市場の拡大と経済発展の促進を願ったのがスミスであった。

スミスは、『国富論』（一七七六年）の中で、政府は、国家の安全、司法・立法・行政の役割、教育や公共事業を推進することは当然のことであるが、自由な市場の円滑な運用を考えることは重要であって、政府の市場への過剰な介入は不必要であるばかりか、市場の効率性を損なう、と指摘する。分業による生産性の向上と、労働人口に占める生産的労働者比率の増大、それに「神の見えざる手」による価格メカニズムこそが、スミスの唱えた「自然的自由の体系」だったのである。

その後、マルサスとリカードウが、アダム・スミスの思想を引き継ぐことになる。マルサスは『人口論』（一七九八年）を書き、一八一一年頃から始まったリカードウとの往復書簡で、自らの見解を披露する。短期的で現実的なマルサスの見解に対して、リカードウは『経済学および課税の原理』（一八一七年）を出版し、長期的で理論的な自らの見解を提示した。

彼によると、経済学の課題は、全生産物が三経済主体（地主・資本家・労働者）に地代・利潤・賃金の形で分配される法則を解明することであった。その後、J・S・ミルが、最後の古典派経済学者として活躍する。ミルは、『経済学原理』（一八四八年）の中で、生産と分配を厳しく区別し、生産に関しては古典派が信奉した自然の法則を支持したが、分配については人間の理性による制度設計の可能性を強く主張した。

一八世紀後半から一九紀前半になると、すさまじい勢いで産業革命が進行していく。スミスをはじめとした古典派経済学者たちは、資本主義の役割について必ずしも楽観的ではなかったが、人間の本性を捉えたものだという確信を持っていた。ところが、資本主義の醜い面（独占や寡占、経済恐慌、都市の荒廃、労働者の貧困、階級対立等々）が顕著になった時に、資本主義というものを徹底的に検証し、その矛盾を鋭く突いた人物がマルクスであった。

アダム・スミスが「同感の原理」に基づいた自由競争を主張し、分業と「神の見えざる手」による豊かな市民社会を目指していたのに対して、マルクスは資本主義が生み出した富が資本家階級に集中し、労働者が悲惨な状態に陥っていることに強く反発し、『資本論』（一八六七年）を書いた。彼は、私的利益の追求や私有財産制を否定し、財産の平等という見地から共産社会の実現を夢見た。彼の考えを信奉する人は、現在では少なくなっているが、一九八九年に旧ソ連が破綻し、ベルリンの壁が崩されるまで、「能力に応じて働き、必要に応じて取る」という共産主義の考え方に賛同した知識人は多い。

ところで、一八七〇年代に入ると、イギリスとフランス、そしてオーストリアで同時に、限界分析を中心にした経済学を唱える者が出てきた。「限界革命のトリオ」と呼ばれるジェヴォンズとワルラス、そしてメンガーがそれである。経済学は、この頃から、微分学などの数学を多用する科学的な学問へと変化していくことになる。限界革命の考え方を引き継ぎ、リカードウ以来の古典派経済学を再構築したのが、ケンブリッジ大学のマーシャルであった。彼の『経済学原理』（一八九〇年）は、イギリスの伝統を引き継いだものであり、経済学の主流派として長い間読まれた。マーシャルの後継者としてはピグーがいる。

さて、マルクスの亡くなった年（一八八三年）に生まれたのが、二〇世紀最大の経済学者と言われているケインズである。ケインズは、一九二九年の「大恐慌」以前から雇用問題に大きな関心を持つと同時に、自分の師であり、ケンブリッジ大学の重鎮でもあったマーシャルの経済学に疑問を持つ。マーシャルは、「古典派経済学」のアダム・スミスやリカードウの経済学を信奉しており、古典派を継承する意味で「新古典派経済学」と呼ばれていた。

ケインズは一九二六年に書いた『自由放任の終焉』の中で、主流派である新古典派経済学が、将来に対する完全知識や完全予見を前提とした上で、私的利益と社会的利益の一致を説いていることに強く反発する。自由にしておけば、社会に調和が訪れるという考え方はあまりに楽観的すぎるし、「非自発的失業」が発生している現状をまったく無視している。ケインズの考え方は、マーシャル経済学への明確な反逆だったのである。

ケインズは、大著『貨幣論』（一九三〇年）に続いて、『雇用・利子および貨幣の一般理論』（一九三六年）を書き上げ、世界の経済学研究者達を驚かせた。この書物は、私たちの経済社会が完全雇用を提供できないことと、富や所得を恣意的で不公平に分配していることを指摘し、それを是正するために政府介入が必要不可欠であることを論じたものである。第二次世界大戦後に見られた世界経済の繁栄や、リーマン・ショック後の世界経済の再建は、ケインズ経済学無くしてはあり得なかったのではないか、と言われている。

このように見てくると、経済学は時代により、様々に変化してきたことが理解できよう。重商主義のように、政府の介入を前面に出した経済学が主流であったものから、アダム・スミスのように経済的自由を唱える経済学が出現し、その自由主義経済学が「古典派経済学」や「新古典派経済学」という名の主流派として現在まで続いている。時には、マルクスのように全面的に国家主導の経済学が力を持った時期もあるし、「限界革命」のような数学的な経済理論が評判になったこともある。

しかし、アダム・スミスの経済学がマーシャルに受け継がれ、「新古典派経済学」が主流であった時にケインズが出現し、不況対策などの短期分析を導入すると同時に、重商主義を思い出させるかのように政府介入に道を切り開いた。ケインズの政府介入は、自由に対する介入ではなく、自由により不安定となった経済を政策的に抑え、自由を保障することにあったことは確認しておく必要がある。

第二次世界大戦後は、ケインズ経済学が主流となって世界経済は発展してきたが、一九七〇年代以降はスタグフレーションなどの影響もあり、ケインズに反旗を翻したハイエクやフリードマンが新自由主義経済学を唱え、主流派となった。このように見てくると、経済学の中心には、いつも自由主義経済学を唱えたアダム・スミスがいるのであり、彼が「経済学の父」と呼ばれる所以となっている。

ところが、二〇〇八年のリーマン・ショック以降、世界経済が「百年に一度の経済不況」といった不調に陥ったこともあり、再びケインズの経済理論やケインズが提起した経済政策が脚光を浴びるようになっている。アメリカのオバマ大統領は、この経済不況に対して、ケインズ流の「グリーンニューディール政策」で対処しているし、日本の安倍晋三首相は、デフレ脱却のために、「三本の矢」政策で応えようとしている。経済学の主流派争いは、現在も継続しているのである。

第Ⅲ章

重農主義の経済学

経済学は、ガルブレイスの指摘を待つまでもなく、農業経済学から始まった。これは、フランスの場合に、特に顕著である。レッセ・フェール（自由放任）というスローガンを掲げた重農主義は、一七五〇年代の一〇数年間に、特に人気を博した経済思想であった。

イギリスと同様にフランスでも、一六世紀頃から原材料を安く輸入し、特許などを与えて製造業を保護し、金・銀・財宝の蓄積に力を注いだ重商主義が盛んであった。特に、ルイ一四世の治世において、コルベールが強力に重商主義政策を推進したために、過酷な税の取立てなどで農業の疲弊は酷く、重農主義の考え方を取り入れる素地が整っていた。

第1節 リチャード・カンティロン

1

主著『商業の本質』（一七五五年）

（1680-1734 年）

カンティロンは、謎の多い人物である。アイルランドに生まれ、銀行家として財を成したことは分かっているが、そのほかの経歴は知られていない。彼の死後出版された『商業の本質』（一七五五年）が、抜きん出て優れた著作として、当時の重要な著作家達に引用され、大きな影響を与えていたことが分かっているくらいである。

カンティロンは、地主・資本家・労働者といった三階級論を展開し、地主の消費行動に力点をおいた分析により、重農主義として分類されている。しかし、輸出による金・銀・財宝の蓄積を強調した点では、重商主義としての側面も持っていたのである。彼の貢献は、三階級論の展開、市場の自動調節機能、需給による価格分析、企業家精神の分析、マネーサプライ分析など、現代から見ても優れたものが多い。

ジェヴォンズは、忘れられていた経済学者としてカンティロンを取り上げ、当時のフランス経済学の水準が高かったことを評価したのである。

第2節 フランソワ・ケネー

主著『経済表』（一七五八年）

2

（1694-1774 年）

ケネーは、独学で医学を勉強した後、医学博士の学位を取り、ルイ一五世の主治医となった人物である。六二歳の時に、『百科全書』に経済論文を発表し、それを『経済表』として発表したのは、二年後の一七五八年のことであった。その一〇年後に当たる一七六八年には、弟子の一人であるデュポン・ド・ヌムールと共に、『重農主義』という書物を出版し、重農主義という改革運動の旗手となったのである。

当時、コルベールが進めた重商主義は、農業に対する犠牲の上に成り立っていた。それを改革するために、ケネーは有名な経済表を編み出し、土地単一税制を提案した。また、彼の信奉した自然法思想から、レッセ・フェール（自由放任）というスローガンを主張し、これがアダム・スミスの考え方の基礎となった。

ケネーは、自然的秩序から見て、商工業よりも農業を重視しつつ、地主と農業生産者（生産者）と商工業者（非生産者）と言った三経済階級からなる経済循環を分析した。シュンペーターは、このような経済循環の分析にケネーの独創性を発見し、彼を高く評価したのである。

第3節　ジャック・チュルゴ

主著『富の形成と分配に関する諸考察』（一七七〇年）

（1727-1781 年）

チュルゴは、経済理論家で優れた政策立案者であり、さらに秀でた行政官であった。経済学は、彼の主著の題目どおり、富の形成、すなわち生産と分配に関する学問であることを、明確に指摘した。アダム・スミス以前に、経済学に対するこのような認識を持っていた人物がいたことに、驚きを禁じえない。

さて、ルイ一六世により、一七七四年に財政などを預かる長官に任命されると、多くの行財政改革を実行に移した。公共支出に対する節約の厳格化は、その中でも特に優れたものであったが、そのために贅沢を好んだ王の不評を買い、一七七六年に長官を解任されたことは、皮肉と言えば皮肉である。一七八九年のフランス革命は、起こるべくして起こったのである。

チュルゴの書物には、分業論や市場価格論、経済成長論などが述べられており、小さな政府こそが最良の政府であるとの指摘は、アダム・スミスを想起させられるという意味でも、極めて重要である。シュンペーターは、先にも指摘したように、フランスの経済学者たちを賞賛しており、特にチュルゴを絶賛したことは指摘しておきたい。

第Ⅳ章

重商主義の経済学

経済学は時代を映す鏡である。コロンブス以来の大航海時代には、国家と貿易に重きを置く重商主義の考え方が主流であった。重商主義とは、先にも書いたとおり、一六世紀から一八世紀にかけて、西ヨーロッパの絶対君主制において支配的であった経済思想とそれに基づく経済政策のことを言う。富（Wealth）は金・銀・財宝などの貨幣であり、それらの蓄積こそが国力の増大だとする考え方をとる。そのために、国家は税制優遇や補助金などで輸出を奨励し、関税によって輸入を抑制することで貿易黒字を生み出し、金などの流入を促進させる。そのために、多くの国では植民地主義政策や近隣窮乏化政策がとられたのである。

第1節 トーマス・マン

1

主著『外国貿易によるイングランドの財宝』（一六六四年）

（1571-1641 年）

トーマス・マンと言えば、あの『魔の山』を書いた作家のトーマス・マンと勘違いしそうであるが、重商主義者のマンは、一六〇〇年に設立されたイギリス東インド会社の中心メンバーの一人である。ロンドンの貿易商の家に生まれ、地中海貿易会社や東インド会社での貢献により巨万の富を蓄え、晩年はカントリー・ジェントルマンとして優雅に過ごした。

彼は、富の本質が金・銀・財宝であるという理由から、貿易差額こそが経済的繁栄の指標であると考えた。そのために、輸入よりも輸出が増え、金や銀の流入が行われるように、外国貿易を規制した。そして、安い原材料の輸入を推し進め、完成された輸入工業製品に保護関税をかけて国内産業を保護した。また、国内での雇用を最大にするため完成財の輸出を奨励しただけでなく、賃金や価格を低く保つために人口増加などの政策を奨励した。

このようなマンの考え方は、典型的な重商主義のものであることから、アダム・スミスはイギリスのみならず、すべての商業国での経済政策の基本的信条と見なしたのである。

第2節 ウィリアム・ペティ

主著『租税貢納論』（一六六二年）、『政治算術』（一六九二年）

2

（1623-1687 年）

ペティは、波瀾万丈の人生を送った人物である。生まれは貧しい洋服屋であった。その後、船乗りとなるが、骨折したためにフランスにあるイエズス会の学校で学ぶ。イギリス海軍に入隊後、オランダのライデン大学で解剖学の研鑽を積む。その後、パリの解剖学校やオックスフォード大学で医学を学んだ後、彼は遂にオックスフォード大学の解剖学教授となったのである。

ペティは、清教徒革命によって国王と議会の混乱が最高潮の中、クロムウエル指揮下の軍医総監としてアイルランドに赴く。彼は、土地測量などの仕事の報酬として大量の土地を受け取った後、国会議員となる。その後、チャールズ二世からナイトの位を受けたり、ジェームズ二世の経済顧問となるなど、晩年は優雅な生活を送った。

ペティの経済政策としては、失業対策がある。国債発行による失業者救済を主張して、ケインズを彷彿とさせるような議論（市場の失敗を補う公共事業政策など）を行った。また、ペティの政治算術としては、王の領土を評価するために、統計数字（マクロ概念）を用いたことである。政治算術は、国家の統治に役立てるための学問であった。しかし、アダム・スミスがペティの政治算術を否定したため、彼のマクロ概念は埋もれたままとなる。

第3節 ジョン・ロック

主著『統治二論』（一六八九年）、『人間知性論』（一六八九年）

（1632-1704 年）

ロックは、ブリストルの近くにあるサマセットに生まれた。オックスフォード大学のクライスト・チャーチで勉強した後、一六五八年に道徳哲学のフェローとなった。シャフツベリーの知遇を得て政治に参加したが、一六八三年の彼の失脚と共に、六年間オランダで亡命生活を送った。しかし、そこでの研究の成果が、『統治二論』（一六八九年）と『人間知性論』（一六八九年）であった。

ロックは、分析的なアプローチを社会的領域の研究に拡大したことにより、ライプニッツやヴォルテール、ニュートンにも多大な影響を与えた。彼は、物理的な意味での宇宙の動き方を決定する自然の法則と、政治的法則とが類似したものであると主張する。最も有名なのが、「人は生まれながらに生命、自由、財産を守る権利を有している」という考えである。ロックは、「これらの権利を守るために人民によって作られたのが国家である」と主張した。

所有権思想では、自然権の観点から、すべての人には本来財産権が与えられているので、自分自身の労働の生産物に対する権利を持ち、労働の成果を自分の所有物とすることができるとした。労働は、あらゆる所有物の源泉であり、価値を与える中心であるとの主張は、労働価値説につながるものである。ロックは、貨幣理論でも大きな貢献をしており、貨幣価値の安定をとても大事にした。

第4節 ジョン・ロー

4

主著『貨幣および交易論』（一七〇五年）

（1671-1729 年）

　ローは、スコットランドのエディンバラに生まれた。ペティと同様に、彼の人生も大変起伏に富んだものであった。彼は、フランスで最初の銀行を設立し、西インド会社を運営し、王権による納税の請負を行ったのであり、これら三つを合わせて「ローの体制」と呼ぶ。彼は、財政の責任者として、一七一九年に銀行券を大量に発行したことから、空前の投機ブームを発生させた。その結果、ローは遂に大蔵大臣に抜擢され、権力の絶頂を迎えることとなった。しかし、ローが発生させたミシシッピー・バブルは、一七二〇年末には完全に崩壊し、信頼は崩れ去った。彼はフランスを追われ、晩年はベニスの賭博人として過ごした、と言われている。

　水は、使用価値は高いが、低い交換価値しか持たない。しかし、ダイヤモンドはその逆であるとして、水とダイヤモンドの逆説を提起し、供給が固定されている場合、需要が価格を決定するといった需給論を展開した。彼はすでに、稀少性が価値に影響を及ぼすことを見抜いており、限界効用理論（価値は限界効用で決まる）の先駆者であると言ってもよいかもしれない。

▼第5節 デイヴィッド・ヒューム

5

主著『人性論』（一七三九年）、『政治論集』（一七五二年）

（1711-1776 年）

ヒュームは、一七一一年スコットランドに生まれ、エディンバラ大学で学んだ。アダム・スミスは、学生時代に彼の『人性論』を読み、深い感銘を受けた後、生涯にわたる交友関係を結ぶ。スミスに影響を与えた『政治論集』（一七五二年）により、哲学者としての名声は不動のものとなる。人間は、幸福になりたいという欲求や利己心を持っており、勤勉に働くことで生活に必要な物資を購入する。彼は、自分の境遇を改善したいという利己心こそが、産業社会と生産技術を発展させる大本だと主張した。また、外国貿易を通じて贅沢品が輸入されることにより、人々の購買力が刺激され、ますます生産技術が進歩していくと論じた。

彼の有名な正貨フローメカニズム（specie-flow mechanism）は、貨幣数量説を前提とした自由貿易論であった。そのメカニズムは、輸入＜輸出⇒貿易黒字⇒金の流入⇒（マネーサプライ↑）⇒利子率↓⇒投資↑⇒国内物価↑（インフレ）⇒産業の発展というもので、物価が上昇しすぎると、輸入＞輸出⇒貿易赤字⇒金の流出⇒（マネーサプライ↓）⇒利子率↑⇒投資↓⇒国内物価↓（デフレ）⇒産業の衰退となる。そして、産業が衰退すれば物価が下がり、同様のメカニズムを繰り返すことになるのである。ヒュームは、このような自由貿易の考え方を持っていた一方で、重商主義者と同様に、貨幣の役割をあまりに重視したと見なされたのである。

第6節 ジェイムズ・スチュアート

6

主著『経済の原理』（一七六七年）

（1712-1780 年）

スチュアートは、アダム・スミス（一七二三－一七九〇年）と同時代に生きた人物である。

しかし、経済学の考え方は正反対であった。一七一二年、スコットランドに生まれた彼は、エディンバラ大学で学んだ後、見聞を広めるためにヨーロッパを旅する。その後、不幸にもジャコバイト運動に巻き込まれ、一七六三年までスコットランドに戻れなかった。しかし、その間に主著である『経済の原理』の執筆に取り掛かり、『国富論』出版の九年も前の一七六七年に、上梓することに成功した。しかし、アダム・スミスがスチュアートの書物を無視したために、彼の業績は長く埋もれたままとなる。

彼の考え方は、スミスのような自由貿易政策ではなく、政府の役割を重視する重商主義政策であった。だから、スミスのような「神の見えざる手」ではなく、政府介入を支持した「巧妙な手」を主張したのである。これは、ケインズ「有効需要論」のさきがけであった。ケインズは、スチュアートなどの重商主義的政策に好意を示し、「当局が国内利子率あるいはその他の国内投資誘因に対して直接の支配力を持たない時代においては、貿易収支の黒字を増加させる方策が、対外投資を増加させるために彼らがとりうる唯一の直接的手段であった。そして同時に、貿易収支の黒字が貴金属流入に及ぼす効果は、国内利子率を低下させ、それによって国内投資誘因を強化するための彼らの間接的手段であった」と言及している。ケインズと同様に、面倒見の良い政府がスチュアートの信条だったのである。

第V章

古典派経済学

経済学はアダム・スミスから始まったと考えてよい。もちろん、今までに紹介した重農主義者や重商主義者が、彼の時代に勢力を振るっていたことは事実である。しかし、先にも指摘したように、政府は国家の安全や司法・立法・行政の役割、義務教育や公共事業の推進と同時に、自由な市場の円滑な運用を考えるべきであって、政府の市場への過剰な介入は不必要であるばかりか、市場の効率性を損なうと指摘し、分業による生産性の向上と、労働人口に占める生産的労働者比率の増大、それに「神の見えざる手」による価格メカニズムを論じたのは、まさにアダム・スミスその人だったからである。ここでは、「経済学の父」であるアダム・スミスを紹介する。ついで、彼の考え方を信奉したマルサスとリカードゥを論じた後、最後の古典派経済学者となったJ・S・ミルについて考察する。

第1節 アダム・スミス

1

主著『国富論』(一七七六年)、『道徳感情論』(一七五九年)

(1723-1790 年)

アダム・スミスは、一七二三年六月五日、スコットランドのカーコディに生まれた。一四歳でグラスゴー大学に入学し、ハチソン教授から道徳哲学や自然神学、自由主義的な経済論を学んだ。一七歳でオックスフォード大学・ベリオルカレッジに入学したが、旧態依然とした大学や怠惰な教授達に愛想を尽かしたようである。

一七四八年、エディンバラ大学で公開講座（修辞学、純文学、法学）を開始し、それが好評であったことから、二八歳で母校グラスゴー大学教授（論理学、道徳哲学）に迎えられる。スミス自身が言うように、「最も有用にして、かつ最も幸福、また最も栄誉ある時期」であった。

一七五九年四月には『道徳感情論』（*The Theory of Moral Sentiments*）を出版した。これは、「人間には生まれながらに、自分の境遇を改善しようとする利己心と、他人の境遇を思いやる利他心という二つの本能がある」という同感（sympathy）の原理をベースにした書物で、名声はたちまち全ヨーロッパに広がる。スミスは、この書物を終生愛し続け、死の数カ月前に当たる一七九〇年にも第６版を出版したほどであった。

一七六三年に大学を辞職した。バックルー家から終身年金が出ることになったからである。一七六四年一月から一七六六年一一月まで、バックルー公の付添人として渡仏し、ヴォルテール、ケネー、ディドロ、チュルゴ、ダランベールなどに会う。それらの経験をもとに、一七六六年から約一〇年をかけて経済学の書物を執筆した。それが、一七七六年三月に出版された『国富論』（*An Inquiry into the Nature and Causes of the Wealth of Nations*）である。この書物は、経済学のバイブルと呼ばれており、思想の革命（自由主義思想、国富の概念）を意味する大著であった。

晩年はとても幸せに過ごし、ロンドンでウィリアム・ピット（小ピット）首相に会った際に、「われわれは皆あなたの弟子なのだから」とスタンディング・オベーションで迎えられ、母校であるグラスゴー大学の理事長に就任した。スミスは、一七九〇年七月一七日、六七歳で死去し、キャノンゲイト墓地に葬られている。

以下では、アダム・スミスの経済学を見ていこう。

スミスが考えた経済学の目的（the end of the economy）とは、『国富論』の第4篇の「はじめに」で示されているように、「国民に収入や生活必需品を豊富に提供すること、もっと適切に表現するならば、国民がみずからの力で、収入と生活必需品を豊富に確保できるようにすること」と、「国が公共サービスを提供するのに必要な歳入を確保できるようにすること」である。国民と国家とを共に豊かにするために、政府に適切な助言を与えることが、経済学に与えられた役割なのである。

そのために、富は国民の労働によって生産される生活必需品や便益品であるとし、労働価値説（the labour theory of value）を唱えた。『国富論』の「序論と本書の構成」にある「どの国でも、その国の国民が年間に行う労働こそが、生活の必需品として、生活を豊かにする利便品として、国民が年間に消費するもののすべてを生み出す源泉である。消費する必需品と利便品はみな、国内の労働による直接の生産物か、そうした生産物を使って外国から購入したものである」という文章は、当時の主流派であった重商主義を強く意識して書かれたものである。

労働生産性の向上には分業（the division of labour）が必要である。スミスは、釘作りの例を出し、フォード自動車のベルトコンベアを想起させるような議論を強力に推し進めた。分業による経済成長こそが、国富を増大させる源だったのである。また、非生産的労働者よりも生産的労働者の方が重要であるとして、労働人口に占める生産的労働者比率の増大にも注意を払った。

●資料1●　アダム・スミスの分業論……………………………………

分業が進めば、各人が単純な作業を一つだけ担うようになり、その作業を一生の仕事にするようになるので、技能がかならず大幅に向上する。普通の鍛冶屋であれば、……一日に二〇〇本から三〇〇本を超える釘を作ることはまずない……。釘作りになれている鍛冶屋でも、……一日に八〇〇本か一〇〇〇本を超える釘を作ることはまずできない。わたしが実際に見た例では、二〇歳にならない数人の少年が釘を製造していた。誰も釘作り以外に仕事の経験はなかったが、この数人が懸命に働くと、一日一人当たり二三〇〇本以上を超える釘を作ることができた。だが、釘作りの仕事はとくに単純なわけではない。ふいごを吹き、必要に応じて火を起こし燃料を加え、鉄を熱し、釘の各部分を鍛える作業を一人でこなしている。釘の頭を鍛える作業でも、一人でいくつもの道具を使いわける。ピンや金属ボタンを作る場合には、仕事がもっと細かく分割されていて……（『国富論』第1篇第1章）。

さて、労働を行う際に重要となる推進力が、利己心の原理（self-interest）であった。これは、自己の境遇を改善しようとする各人の絶えざる自然的努力のことを意味し、節約・勤勉・計画性などの「慎慮の徳」（the virtue of prudence）のことを言う。もちろん、この利己心を発揮する際には、他人から非難を受ける行動は避け、是認を受ける行動をする同感の原理（sympathy）が欠かせないし、自分にしてもらいたくないことは他人にもしない、という内面化された第三者の視点（社会的に共有された慣習的ルール）、すなわちスミスの言う公平な観察者（impartial spectator）という考え方がとても大切である。

●資料2● アダム・スミスの利己心の原理

動物はほとんどの種で、それぞれの個体は成長すると独立し、自然の状態では他の生き物の助けを必要としない。しかし、人はいつでも他人の助けを必要としており、他人の善意だけに頼っていては、助けを得られると期待することはできない。相手の利己心に訴える方が、そして、自分が求めている行動を取れば相手にとって利益になることを示す方が、望みの結果を得られる可能性が高い。……われわれが食事ができるのは、肉屋や酒屋やパン屋の主人が博愛心を発揮するからではなく、自分の利益を追求するからである。人は相手の善意に訴えるのではなく、利己心に訴えるのであり、自分が何を必要としているからではなく、相手にとって何が利益になるかを説明するのだ。主に他人の善意に頼ろうとするのは物乞いだけだ（『国富論』第1篇第2章）。

次に、スミスの専売特許である「神の見えざる手」（invisible hand）を見ておこう。自由競争は、各人の利害が衝突することによって、混乱へと導くのではなく、「神の見えざる手」の働きにより、商品が安価であり、かつ豊富な社会へと導くというもので、価格の自動調節機能を表現したものと考えられる。ここで注意しておきたいのは、自分や家族の利益だけを考えて行動することが、各人が社会の利益を考えて行動するよりも、かえって効果的に社会全体の利益を促進することになるということである。スミスは、ルールに基づいた自由競争をするならば、ニュートンが宇宙の調和を主張したように、私たちの経済社会も自然に調和していくと考えていた（自然調和思想）。

●資料3● アダム・スミスの「神の見えざる手」……………

各人が社会全体の利益のために努力しようと考えているわけではないし、自分の努力がどれほど社会のためになっているかを知っているわけでもない。外国の労働よりも自国の労働を支えるのを選ぶのは、自分が安全に利益をあげられるようにするためにすぎない。生産物の価値がもっとも高くなるように労働を振り分けるのは、自分の利益を増やすことを意図しているからにすぎない。だがそれによって、その他の多くの場合と同じように、見えざる手に導かれて、自分がまったく意図していなかった目的を達成する動きを促進することになる。そして、この目的を各人がまったく意図していないのは、社会にとって悪いことだとはかぎらない。自分の利益を追求することが、実際にはそう意図している場合よりも効率的に、社会の利益を高められることが多いからだ（『国富論』第4篇第2章）。

最後に、『国富論』の構成と内容を見ておきたい。この書物は、「序論と本書の構成」から始まって、第1編「労働の生産力の向上をもたらす原因と、各階層への生産物の分配にみられる自然の秩序」と第2編「資本の性格、蓄積、利用」が続く。ここまでは、国富の増大を説く理論的な考察である。しかし、第3編「国による豊かさへの道筋の違い」では、自然な資本投下の順序として、農業の優位性を説き、製造業や貿易は農業の後に続くべきだとしている。さらに、第4編「経済政策の考え方」では、当時主流となっていた重商主義を強く批判し、重農主義の正統性を論じる。第5編「主権者または国の収入」では、政府の役割の重要性について論じており、実業家の政治的な行動などに対する批判が際立つ。アダム・スミスは、理論的な自由主義の主導者と言うよりも、当時の現実を鋭く認識し、農業を重視した経済学者だったのである。

この書物は、スミスが持っていた社会科学のあらゆる認識が盛り込まれており、実に大著と呼ぶにふさわしい書物であることは間違いない。経済学はもちろんのこと、歴史学、政治学、法学、教育学をはじめとして、常備軍の発達史、教会史、重商主義批判、植民地批判などのあらゆる識見が詰まっている。小さな政府論があるかと思えば、国防など大きな政府論もある。分業を賞賛したかと思えば、分業の弊害を述べたりもする。自由な企業活動を肯定したと思えば、その結果としての独占を鋭く批判している。多くの読者は、スミスが国富の増大を説く自由主義的経済学の提唱者であると同時に、鋭利な現実感覚を備えバランスの取れた情熱と冷静さを併せ持つ人物であることを感じ取ったことであろう。経済学は、スミスも当時そう考えていたように、あらゆる認識を必要とする総合的な学問である。勉強する価値のある学問、それが経済学なのである。

COLUMN 1

アダム・スミスとアイザック・ニュートン

アダム・スミスは、アイザック・ニュートンの『プリンキピア（自然哲学の数学的諸原理）』をよく読んでいた。彼は、天文学の規則的体系に関しても、アリストテレスやプトレマイオスから始まり、コペルニクスやガリレオ、ケプラーを経て、ニュートンにいたるまでの天文学の歴史を、「天文学史」『哲学論文集』（一七九五年）という素晴らしい論文にまとめており、それは死後出版されている。

スミスはその論文の中で、「ニュートンの原理である引力の普遍性と、それが距離の平方の増加に比例して減少することを認めれば、彼がそれによって結びつけるすべての現象は、必然的な帰結として導かれる。……それは、人類の一般的で、全面的な是認を獲得すべきだったし、今や想像上で天空の出来ごとを結合するひとつの企てとしてではなく、人間によってこれまでになされた最も偉大な発見と考えるべきであるということだ。それは、最も重要で、最も崇高な諸原理の発見であり、諸真理の全体は、われわれが毎日経験する現実という、ひとつの主要な事実によって結合されている」と絶賛したのである。

宇宙を見てみよう。そこには、神が与えた体系的な調和が存在している、とニュートンは考えた。地球は、宇宙の中でも太陽系に属する惑星であるし、太陽系には地球以外にもたくさんの惑星が存在している。アダム・スミスは、当時最先端であったニュートンの考え方を用いて、宇宙のサブ・システムを分析する経済学の研究は、宇宙の基礎にある基本的で単純な公理と法則を確認し、宇宙を動かしている戦略変数を分類すると同時に、経済というものに体系としてのまとまりと予測可能性を与えている構造上の因果関係を確認することだ、と考えたのである。

第2節　トーマス・ロバート・マルサス

2

主著『人口論』（一七九八年）、『経済学原理』（一八二〇年）

（1766-1834 年）

マルサスは、一七六六年にロンドン南部のサリーで生まれた。生まれてすぐに、父の友人であったルソーとヒュームがマルサス邸を訪れ、彼を祝福したと言われている。ケンブリッジ大学のジーザス・カレッジで学んだ後、一七九三年にジーザス・カレッジのフェローとなる。一七九八年には、匿名で『人口論』を出版し、大きな論争を引き起こした。そのためもあってか、一八〇五年には東インド・カレッジの近代史ならびに経済学教授に推挙された。この種の任命のなされ方は、イギリスではじめてのことであった。一八一一年から始まったリカードウとの往復書簡で自分の意見を強く主張した後、それらをまとめた『経済学原理』を一八二〇年に出版する。マルサスは、『人口論』で当時最も有名な社会科学者となったが、『経済学原理』もそれに劣らず立派な書物であり、特に経済学の方法を述べた序文は、読む人をうならせる名文である。一八三四年、保養地パース滞在中に死去する。享年六八歳であった。

●資料4● マルサスの経済学方法論……………………

経済学という学問は、数学よりも倫理学や政治学に似ている。……ある種の人たちにとっては、単純化と一般化ほど魅力的なものはない。単純化と一般化が真理と矛盾せずに達成される場合には常に、それらはたしかに純正科学の望ましい正当な目的である。そして、まさにこの理由で、単純化と一般化を志向する自然の傾向によって、われわれの熟知しているほとんどすべての学問において、生硬で未熟な理論を招来することになったのである。……単純化と一般化の同じ傾向は、一つ以上の原因の作用を認めたがらないという態度よりも、いかなる法則または命題に対しても修正や限定や例外のほうを認めたがらないという態度を生みだしている。なるほど、こういったものを認めざるをえないということほど不満なことはないし、またこれほど一つの命題に非科学的で拙劣な外見を与えるものはない。しかし、経済学には絶対的に限定や例外を必要とする重要な命題があるということくらい、私が強く確信をもっている真理はないのである（『経済学原理』序文）。

さて、マルサスの『人口論』初版を見てみよう。

マルサスは、経済学者であると同時に、イギリス国教会の牧師でもあったので、人間に対する理解もキリスト教的な面が強調されているようである。彼は、人間は神に似せて作られた素晴らしい生き物であるには違いないが、少しばかりキズも持っており、一般には怠惰で労働嫌いな生き物であると考えた。

人間は誰であっても、生きていくために食べなければならない。食べなければ死んでしまうからである（自己保存本能）。人間は、刺激がなければ活動しない、怠惰で労働嫌いな生き物だと考えられているので、飢えという刺激が食料獲得（生産）という活動（労働）に人間を駆り立てる。ところが、食糧の生産は当時の技術では、どんなに頑張ったとしても、算術級数的（arithmetical）にしか増大しない。人間は、あらゆる努力を我慢強く行い、機械や技術を発明することで食糧の増産を勝ち取らなければならない。まさに、必要は発明の母（Necessity is the mother of invention.）なのである。

次に、人間は、自分の種族を維持しなければならない。愛する人を見つけ、その家族を養うという刺激が、さらなる活動を生む。相手を見つけたならば、自分たちの住まいを確保し、住みやすい環境を整えて、愛の結晶である子どもを育てなければならない。現代生物学の教えるところによると、私たちには自分の遺伝子を伝達したい、というプログラムが組み込まれているようである。マルサスは、この種族維持本能がこれからも永久に続き、アメリカでの例をもとに、人口は少なく見積もっても、幾何級数的（geometrical）に増大すると言っている。

それゆえ、マルサスの有名な人口の法則とは、「人口は制限されなければ、幾何級数的に増大する。しかし、生活資料は算術級数的にしか増大しない」というものである。この催眠術的な標語は、古典派経済学を信奉する多くの経済学者に受け容れられ、マルサスの名を不滅のものとした。マルサスが言ったように、人口の幾何級数的な増大に伴い、次に示すような様々な問題が生起する。

その問題とは、出生率を低下させる結婚の延期と、それに伴う婦女に対する悪習などの悪徳（vice）である。マルサスは、これを予防的制限（preventive check）と呼んだ。それでも人口が減らない時は、死亡率を上昇させるような子供の遺棄、戦争、飢饉、伝染病といった不幸（misery）が続く。マルサスは、これを無慈悲にも、積極的制限（positive check）と名付けた。

●資料5● マルサスの積極的制限

飢饉は、自然の最後のもっともおそるべき手段である。人口の力は、人間の生存手段を生産する土地の力よりもはるかにまさっているから、早死が何らかのかたちで人類をおとずれなければならない。人類の諸悪徳は、人口減少の積極的かつ有能な使臣である。それらは破壊の大群の先駆であり、またしばしば、それらだけでおそるべき仕事を完了する。しかし、もしそれらがこの絶滅戦に失敗するならば、疫病の季節、流行病および災厄が、おそろしい陣容で前進し、数万人を一掃する。成功がなお不完全であるならば、巨大で不可避的な飢饉が最後に横行し、強力な一撃をもって、人口を世界の食料と同水準にする（『人口論』初版第7章）。

何と厳しい自然の掟であろうか。人間の一生は、困難と害悪（difficulties and evil）といった苦い成分が大きな部分を占めている、ということである。しかし、マルサスは、このような困難と害悪が、人類にとって克服可能な困難であり、避けることのできる必要最低限の害悪なのだ、と言う。部分的害悪（不幸と悪徳：misery and vice）という刺激は、先ほども述べたように、もともと怠惰な人間をより活動的にする。さらに、その刺激は人間の成長にとって必要不可欠であり、人間らしい精神を覚醒させるのに必要な神の采配なのであった（精神覚醒説）。そして、そのような困難と害悪によって幾多の哀しみを知ることは、人間に高貴な徳性を与える（徳性覚醒説）、とも述べている。

人間は一生を通じて、苦しみに耐えて働き、自己を形成していくように作られた生物であるし、そのような個人の努力が、その人だけではなく、社会全体の改善につながっていく。またマルサスは、晩婚化や、節制ならびに修養などを通じた人間による自発的な人口抑制は、大きな困難と害悪を避ける意味でも重要なことであるとして、道徳的抑制（moral restraint）を提唱した。これは後に、J・S・ミルが労働者階級の境遇改善のために取り入れた、産児制限運動となって花開くのである。

次に、マルサスの経済学を見ておきたい。

彼は、セイ法則を信奉したリカードウとは異なり、生産されたものがすべて売れるわけではないとして、過剰生産（過少消費）の可能性を指摘した。そして、過剰生産（過少消費）を克服するために、政府による公共事業などの必要性を強調した。後にケインズは、『雇用・利子および貨幣の一般理論』の中で、マルサスのこのような考え方を高く評価し、自分の理論（有効需要論）の知的源泉をマルサスに与えようとした。しかし、周知のようにケインズの場合は、投資を有効需要の中心に据えていたので、マルサスの議論は、現実の過剰生産（過少消費）から派生した失業を直視したものとして捉えておいた方がよいであろう。

●資料6●　ケインズのマルサス評価

マルサスは経済理論の中心問題を考察するにあたり、あらゆる方途のうちで最も適した方法を用いた。彼は当初、哲学者であり道徳学者として、つまり「ペイリーのケンブリッジ」で育てられた者としてその分野に関心を持ち始め、政治哲学者の先験的方法を適用した。それから彼は、数年間というもの、経済史や当代世界の諸事実に没頭し、歴史的帰納法を用いて大量の経験的資料を頭の中に詰め込んだ。その後彼は、結局先験的思考法に立ち返ることになったが、今度は経済学者本来の純粋理論に復帰し、諸事象によって提示された資料に対し形式的思考を適用しようと努めた。……要するに、道徳学者という幼虫期間と、歴史学者というさなぎの期間を経て、マルサスはようやく思考の羽を広げて、経済学者として世界を見渡すことが出来たのである。……私は、マルサスが深遠なる経済的直感と、経験と言う移り変わるものに対して偏見のない心を保ちつつ、しかも絶えずその解釈に形式的思考の原理を適用するという、類まれな資質の持ち主であったことを強く主張する。これより一世紀後、ここマルサスの母校において、われわれが変わることなき敬意をもって彼の記念祭を催すであろうことを、私は信じて疑わない（ケインズ「マルサス没後100年祭記念講演」『人物評伝』）。

さらに、過度の社会保障は人間を堕落させるということから、国の救貧政策に反対したこともマルサスの特徴である。彼は、アダム・スミスの弟子として、利己心の原理を自分の考察の柱にしていたので、人間は常に自分の境遇を改善しようと努力することが、その人にとってもまた国家にとっても重要であるとの認識を持っていた。まさに、自助努力の勧めであり、独立自尊の精神こそが人間を成長させる大本だという訳である。

また、穀物法論争では、安価な小麦（主食）を輸入すべきではないとして、保護貿易政策を主張した。その理由の第一は、国家の安全保障の見地からで、大国は他国の嫉妬を招きやすく、食糧の外国依存は極めて危険である、という意見である。マルサスは、まさしく政治経済学者だったのであり、これは食糧安全保障論と呼ばれている周知の議論である。次に、工業の発展はわれわれに知性と活気、社会的豊かさを与えてくれたが、逆に過大な工業人口は、国民の幸せや健康、道徳にとって好ましくないという見解である。マルサスの当時、すでに産業革命の弊害が数多く見られたのであり、バランス感覚に優れていたマルサスらしく、これは農工の調和的発展論と名付けたい見解である。

最後に、穀物自由化（輸入）は、穀物価格の大きな下落を伴い、農業に深刻な影響を与えるという安定経済論も指摘している。もし穀物法が廃止され、穀物の輸入自由化が実施された場合、穀物価格は確実に低下し、地主階級の取り分である地代は減少する。資本家階級は、そのようなデフレ効果の悪影響をまともに受け、彼らの利潤を減少させるであろうし、労働者階級の実質賃金を低下させる。マルサスが一番危惧したのは、地主階級の購買力が工業製品に対する有効需要であったことから、それが無くなったら、確実に経済は破壊されるということであった。

COLUMN 2

マルサスの現代的意義

『種の起源』（一八五九年）を出版して世間を驚愕させたダーウィンは、マルサスの『人口論』を読んだ後に、生物学的な進化を思いついたと言い、次のように述べている。すなわち、「以下の章では、世界中のすべての生物において、高い幾何級数的（等比数列的）比率で増殖する結果おこる生存競争が取り扱われる。これはマルサスの原理を全動植物界に適用したものである。どの種でも、生存できるより多くの固体が生まれ、したがって頻繁に生存競争がおこるので、なんらかの点でわずかでも有利な変異をする生物は、複雑で変化する生活条件のもとで、生存の機会にめぐまれ自然に淘汰される。遺伝の確固たる原理に基づき選択された変種は、どれもその新しく変化した形態を増やしていくことになる」。

『人口論』は、古典派の経済学者だけでなく、当時の自然科学者から文学者までの知的な人々に、好感を与えるかそうでないかは別として、様々なインスピレーションを与え続けた。文学者で詩人のパーシー・シェリーも、『イスラムの反乱』（一八一八年）の中で、「形而上学や道徳哲学および政治学の研究は、既に論破された迷信や、マルサス氏が弄した詭弁を復活させようとする空しい試みとほとんど変わるところがなくなった。マルサス氏の詭弁には、人類を重苦しい気分にさせる人々に、永遠の勝利を約束して安心させようとする下心がある」と述べている。『人口論』は、二一世紀の今読んでみても、とても刺激的な書物である。

また、世界の人口問題は、マルサスの時代よりも、現代の方が深刻になっている。なぜなら、世界人口は、当時約一〇億人でしかなかったものが、現在は約七一億人を超えて増え続けているからである。そのため、ローマ・クラブの警告（『成長の限界―ローマ・クラブ「人類の危機」レポート』（一九七二年）、『限界を超えて―生きるための選択』（一九九二年）『成長の限界―人類の選択』（二〇〇五年））を待つまでもなく、食糧獲得や貧困解消の問題以外に、資源の枯渇や地球環境の悪化といった資源エネルギーや環境の問題が、取り組むべき喫緊の課題となっている。地球温暖化については、先進国だけでなく、中国やインドなどの新興国を含めたすべての国で、もっと真剣に議論していかなければならない事柄であろう。

工業と農業のバランスや食糧自給率の向上といった問題も、マルサスを語る上では避けることができない事柄である。最近、TPP（環太平洋経済協定）交渉の進展などについて、様々な議論がなされているが、農業や食の問題をどう考えていけばよいのかということは、極めて重要な問題である。マルサス自身は、農業が食糧安全保障のみならず、洪水防止等の国土保全、癒しの田園空間の維持、文化の継承、地域共同体の復権等々、多面的な公益機能を持つということを十分認識していたように思われる。

第3節 デイヴィッド・リカードウ

3

主著『経済学と課税の原理』（一八一七年）

（1772-1823 年）

一七七二年、ユダヤ人株式仲買人の子としてロンドンに生まれたリカードウは、一四歳から親の指導に従って株式取引所で働き始める。だから、彼は論敵であったマルサスとは異なり、大学教育も受けていなければ、大学で教鞭をとることもなかった。二一歳になると、親の反対を押し切って結婚し、夫人の宗派であったキリスト教ユニテリアン派に改宗する。

二七歳になると学問研究に目覚め、ふとした偶然でアダム・スミスの『国富論』に出会う。

一八一〇年、当時の激しいインフレを分析した『地金の高価』を出版し、経済学界にデビューを果たす。その後、株式仲買人として成功し、巨万の富を獲得したのち、実業界から引退する。住居として、グロスターシャの大邸宅ギャトコム・パーク（現在は、エリザベス女王の娘であるアン王女の住居となっている）を手に入れたのも、この時であった。

一八一五年、『穀物の低価格が資本の利潤に及ぼす影響についての試論』を出版する。ジェームズ・ミル（ジョン・スチュアート・ミルの父）は、このパンフレットの内容を高く評価し、それを書物の形で出版するように勧める。リカードウは、この勧告に応じる形で、一八一七年に『経済学と課税の原理』として出版する。この書物は、当時も今も、多くの研究者から認められ、「理論経済学の父」と賞賛されたのである。

また、論敵マルサスと長い間（一八一一－一八二三年）、書簡を通じて意見を交換したが、これはマルクスとエンゲルスとの往復書簡と同様に、経済学史上もっとも有名な往復書簡となる。一八二三年、耳の伝染病のため、五一歳で急逝する。リカードウは、財産として七五〇〇万ポンド（約一五〇億円）を残したことで、これまでに存在した経済学者の中で最も裕福な経済学者であった、と言われている。

以下では、リカードウの経済学を見てみたい。

リカードウと言えば、一般的な商品の価値（価格）は、直接労働（労働）と間接労働（資本）からなる、という投下労働価値説が有名である。稀少性のある特殊な商品ではなく、労働投下によって増減しうる商品が、彼の考えていた一般的な商品なのである。

●資料7●　リカードウの労働価値説……………………

諸商品は、それが効用を有するかぎり、その交換価値を二つの源泉から引き出す、すなわち、諸商品の稀少性からと、それらを取得するのに要する労働量からとである。なかには、その価値がもっぱら稀少性のみによって決定されるような商品がある。どんな労働も、このような財貨の分量を増加させることはできない。それゆえに、その価値が供給の増加によってひき下げられることはありえない。若干の珍しい彫像や絵画、稀覯書や古銭、その面積がきわめて限られた特別の土壌で栽培されるブドウから醸造されうるにすぎない、特殊品質のブドウ酒のようなものは、すべてこの種類に属する。これらの商品の価値は、それらを生産するのに当初必要とした労働量とはまったく無関係であって、それを所有したいと欲する人々の富と嗜好の変動とともに変動する。

しかしながら、これらの商品は、日々市場で取引される商品総量のきわめて小部分を占めているにすぎない。欲求の対象である財貨の最大部分は、労働によって取得されるのであって、それらの財貨は、もしもわれわれがそれらを取得するのに必要な労働を投下する気になりさえすれば、たんに一国においてばかりでなく、多くの国において、ほとんど際限なしに増加しうるであろう。そこで、商品について、その交換価値について、またその相対価格を左右する法則について論ずるばあいには、われわれは、つねに、人間の勤労のはたらきによって分量を増加させることができ、またその生産には際限なく競争がおこなわれるような、そのような商品のみを考えているのである（『経済学と課税の原理』第1章）。

そして、リカードウはマルサスの人口法則を受け容れ、実質賃金は労働者階級の生存費で決まる、という賃金生存費説を唱えた。なぜなら、人口は食糧供給の許容量まで増大するので、結局は生存費と実質賃金は等しくなるからである。また、その実質賃金は、生存に必要な穀物からなっているということで、穀物賃金とも呼ばれている。

一方で、農産物の価格は、耕作されている土地のうち、最も肥沃度《ひよくど》の低い土地（限界地）の生産性によって決まる。農産物の需要が限界地を決めるからである。その時、限界地では地代は発生しない。地代の大きさは、限界地とそれよりも肥沃度の高い土地との生産性の差によって決まる。これが、有名な差額地代論と呼ばれている考え方である。人口が増え、限界地の耕作が進めば進むほど地代は増えるが、その一方で利潤は減っていく。リカードウは、労働投入を増やしても生産が増えない収穫逓減の法則を考えていたのである。

●資料8●　リカードウの差額地代論

その使用にたいして地代がつねに支払われるのは、土地の分量が無制限でなく地質が均一でないからであり、また人口の増進につれて、劣質の土地あるいは利点のより少ない位置にある土地が耕作されるようになるからにほかならない。社会の進歩につれて、第二等の肥沃度の土地が耕作されるようになるとき、地代はただちに第一等の地質の土地に発生し、そしてその地代の額はこれらの二つの土地部分の地質の差に依存するであろう。

第三等の地質の土地が耕作されるようになると、地代はただちに第二等地に発生し、そしてそれは前例のようにこれらの土地の生産力の差異によって左右される。同時に、第一等地の地代は上昇するであろう、というのは、それはつねに、一定量の資本と労働を用いてこれらの土地が産出する生産物間の差額だけ、第二等地の地代を上まわらなければならないからである。人口が増加するたびごとに、一国は、その食物供給の増加を可能にするため、より劣質の土地に頼ることを余儀なくされるが、それにおうじて、すべてのより肥沃な土地で地代は上昇するであろう（『経済学と課税の原理』第2章）。

図表1　リカードウの二国二財モデル

国	貿易前の生産		貿易後の生産	
	ブドウ酒	毛織物	ブドウ酒	毛織物
イギリス	120人（1）	100人（1）	0人	220人
ポルトガル	80人（1）	90人（1）	170人	0人
合計	2単位	2単位	2.125単位	2.2単位

しかしながら、労働価値説や差額地代論ではなく、比較生産費の原理（principles of comparative cost）によって、彼の名前は人々の心に長く残ることになった。リカードウは、安価な穀物を輸入することができれば、費用である穀物賃金を引き下げ得るし、たとえ収穫逓減の法則が作用しても、利潤率の低下を阻止できると考えた。そして、イギリスの優秀な工業製品である毛織物を輸出することで、さらなる利潤を獲得できるようになる。彼は、貿易参加国が、たとえ絶対的に生産費が高くても、相対的に生産費が低く比較優位（comparative advantage）にある部門に特化（specialize）し、国際貿易を行うことによって、お互いに利益を得ることができる、という自由貿易論を証明したのである。

ここに示したリカードウの数値例は、とても巧妙に作られている。どちらの商品についても、イギリスはポルトガルよりも生産費が高いと想定しているからである。要するに、ポルトガルの方がどちらの商品でも絶対優位（absolute advantage）にあるのである。しかし、イギリスは毛織物の生産（当時の代表的な工業製品）に比較優位を持っているので、毛織物の生産に特化し、ポルトガルはワインの生産に特化する。そして、お互いに国際貿易を行うのである。

イギリスは、リカードウの比較生産費の原理を忠実に実践し、比較優位があった毛織物に特化して生産活動を行い、それらの製品を、自由貿易を通じて世界に販売した。そして、イギリスは遂に、世界の工場となったのである。

COLUMN 3

リカードウの主著名とコンマ論争

リカードウの主著は、『経済学と課税の原理』という名の書物である。これは、多くの研究者が認めている主著名であり、原著書名の *On the Principles of Political Economy, and Taxation* から来ている。しかし、原著書名をよく見ると、Economy の後にコンマが付いていることが分かる。このコンマをめぐって、今は亡き森嶋通夫氏と羽鳥卓也氏との間で、激しい論争が繰り広げられた。森嶋氏は、コンマの重要性とリカードウの書物の内容を考慮し、日本語名を『経済学と課税』とすべきであると主張した。これに対して、羽鳥氏は、リカードウの『マルサス評注』の中に、Principles of Taxation という表記があり、内容も課税の原理を取り扱っていると判断したことにより、『経済学と課税の原理』とする立場を譲らなかった。

筆者は、この論争が始まる一九八六年頃に、ちょうどロンドン大学に留学しており、マーク・ブローグ教授のもとで研鑽を積んでいた。そして、運が良かったのか悪かったのか、羽鳥氏からは『マルサス評注』に関する調査を頼まれていたし、森嶋氏からはこのリカードウのコンマについて、ブローグに聞いてくれと依頼されていたのである。羽鳥氏は、私からの調査結果（ケンブリッジ大学図書館でしか見ることのできない『マルサス評注』の当該箇所のコピー）に満足され、お礼の手紙をくださった。森嶋氏には、「この論争はｔｒｉｆｌｅであり、原著書名にコンマが付いていようがいまいがどうでもよいことだ」と伝えた。その後、コンマ論争はどのように決着したのであろうか。お二人とも鬼籍に入られたので、真相を確かめることはできないが、個性の強いお二人であるので、お互いに譲ることはなかったのではないか、と推察している。

第4節 ジョン・スチュアート・ミル

4

主著『経済学原理』（一八四八年）、『自由論』（一八五九年）、『功利主義論』（一八六一年）、『ミル自伝』（一八七三年）

（1806-1873 年）

ジョン・スチュアート・ミルは大変早熟であり、三歳でギリシャ語や数学、八歳でラテン語を学び、一三歳からはリカードウの『経済学と課税の原理』とアダム・スミスの『国富論』を学んだという。『ミル自伝』にある八歳から一二歳までに読んだ本のリストを見ると、およそ子どもが読める本とは思われない書物が並ぶ。彼は、プラトンやアリストテレス等の文献を、原語で読み理解したのであって、「プラトンの対話篇は、問答を通じて真理に達するソクラテスの手法を最もよく表しており、まだ鍛えられていない頭脳、つまり定義の曖昧な語句で次々に連想を重ねていく頭脳にありがちな混乱を整理する訓練としては、これにまさるものはない」と述べている。

一四歳になるとイギリスを出国し、南フランスなどで研鑽を続けた。これには、ジェレミー・ベンサムの弟であるサミュエル・ベンサムが手助けしてくれた。ミルは、フランスで公共心や利他心、互助の精神を学び、J・B・セイやサンシモンとも交流した。そして、一六歳を迎えると、ベンサムの『立法論』に接することで、急進的な功利主義者となる。さらに、父親の口添えにより、一七歳から東インド会社の通信審査部で働きつつ、広範囲にわたる勉学を継続したのである。

ところが、二一歳の時に自律神経失調症に罹ってしまい、「ぼんやりとした無自覚な状態」が続く。幸福について考察したのもこのような時であり、詩や芸術に親しむことの必要性を実感する。彼は、コールリッジ等のロマン派の詩作を受け容れることで、精神の一大危機を脱出した。二五歳の時にハリエット・テイラー夫人と出会い、親交を深めた後四五歳で結婚したものの、五二歳の時にハリエット（一八〇七－一八五八年）は急死した。ハリエットの死を機に、三五年務めた東インド会社（一八二三－一八五八年）を退職する。晩年は、下院議員への選出やセント・アンドリュース大学の学長への任命が続いた。フランスのアヴィニョン滞在中に感染症に罹患し、一八七三年に六七歳で死去した。

●資料9● ミルと幸福

幸福が人生の目的であり、幸福につながるかどうかで行動基準の成否が決まるという信念が揺らいだわけではない。だがあの体験（自律神経失調症）以後、幸福と言うものは、それを直接の目的としないときにのみ達せられるのだと考えるようになる。自分自身の幸福以外のことに目的を定め、ひたすらにそれをめざす人だけが幸福なのだと私は思った。それは他の人の幸福や社会の改善進歩であるかも知れないし、技を磨き研鑽を積むといったことであるかも知れない。いずれにせよ、それらを幸福になるための手段としてではなく理想の目的として目ざす人だけが、幸福なのである。……幸福以外のものを人生の目的とすることが幸福になる唯一の道であり、そちらの目的の方を大いに意識し、吟味し、自問すべきである。

そのうえで他の条件が幸運にも整っていれば、つまり幸福にこだわってそればかりを考えたり、想像たくましく将来の幸福を思い描いたり、自分が幸福かどうかを気に病んでせっかく手に入りかかった幸福を取り逃す愚を犯さない限り、空気を吸い込むように自然に幸福が訪れるだろう（『ミル自伝』第5章）。

以下では、ミルの経済学を見てみたい。

彼の『経済学原理』は、次の5編から成っている。すなわち、第1編　生産、第2編　分配、第3編　交換、第4編　生産と分配とに影響をおよぼす進歩の影響、第5編　統治の影響である。富の生産は、歴史的・社会的な変化の根底を一貫する不変の法則（土地の有限性、収穫逓減の法則、人口法則）によって支配されると考えたが、富の分配については、人間の力で変更することの可能な制度（社会制度の変革）に関わるとし、制度設計の重要性を重視している。

ミルは、基本的には、アダム・スミスやリカードウ、マルサスなどの自由主義的な古典派理論を支持していた。しかし、民間ではコストの面などで供給できないが、社会全体としては人々の厚生に役立つものとして、①教育、②幼年者の保護、③永久的契約、④公営企業、⑤労働時間や植民地の土地処理、⑥貧民救済、⑦植民、⑧公共事業、⑨学者階級の維持、⑩司法および国防などを挙げ、それらについては政府が提供する必要性を説いた（第5編第11章）。ミルは、人間の知的・道徳的な状態の向上は、個々人の不断の努力と、それを保証する社会制度との相互作用を通じて、徐々に実現できると考えた。彼は漸進的な改良主義者だったのである。

また、ミルはマルサス『人口論』の熱心な信奉者であった。それゆえ、マルサスの述べた道徳的抑制を拡大し、労働者自らが自発的に産児制限を行うことを強く主張した。これにより、労働者の境遇は著しく改善され、真に人間らしい生活が保証される、と考えたのである。ミルは、「マルサスの人口論も、ベンサム固有の学説と並んで私たちが一致して掲げた旗印である。この偉大な学説は、人類の生活は無限に向上するという説への反論として提案されたのだが、私たちはこれを裏返しの意味にとって熱心に支持した。つまり、労働者の増加を自発的に制限し完全雇用と高賃金を実現しさえすれば、無限の向上は可能だと解釈したのである」と明言している。

●資料10● 満足した豚と不満足のソクラテス……………………

たとえ野獣の快楽を完璧にあたえられると約束されたからと言って、人間的被造物なら何らかの下等動物に変えられることに満足しようとはしないであろうし、知性的な人間なら愚か者であることに満足しようとはしないであろう。教養ある人なら無知な人間であろうとはしないし、感情と良心を持つ人なら利己的で卑しくなろうとはしない。たとえ愚か者やのろまや悪漢の方が、自分たちの場合よりもはるかに彼らの運命に満足しているのだと説教されたとしてもそうである。……満足した豚であるよりは不満足の人間である方が良いし、満足した愚か者であるより不満足のソクラテスである方が良い。もし愚か者や豚が異なる意見であるとしたら、それは彼らがその問題について自分たちの側だけの知識しかないからにすぎない。この比較の一方の側は両方の側面を知っている（『功利主義論』）。

COLUMN 4

ミルとハリエット・テイラー

ミルは、一八五一年四月、遂にハリエット・テイラーと結婚した。この結婚は、彼女が未亡人になるまで、二〇年も待った末に実現したものである。ミルは『自伝』（一八七三年）の中で、「私の幸福と成長は、この比類なき女性のおかげである。長い交友関係が続く間、私たちはどちらも、友人以上の関係になりたいと思ったことはない。二人が一緒に暮らすということがもし実現可能であったならば、私はいつだって、ぜひそうしたいと望んだにちがいない。だが私が心から尊敬し、彼女が心から尊敬する人の死によってそれが実現するくらいなら、二人のどちらにとっても、永久にそうならない方がはるかに喜ばしかったであろう。けれども、その不幸な出来事が一八四九年七月に起きた。長い間共に考え、感じ、書いてきた私たちは、生活そのものを共にできるようになる。災厄が私に無上の幸福をもたらしたのだ」と述べる。

天才であったミルは、天才であるがゆえに知性が勝っていたこともあってか、愛情を表現することに関しては未熟だったように見える。二五歳の青年の日にハリエット・テイラー夫人に会い、一目惚れをしてしまった彼は、他のどのような女性とも付き合おうとせず、二〇年間じっと待ち続けた。そして、右の文章にあるように、彼女の夫であるテイラー氏の死去により、すなわち二人の共通の災厄により、結ばれることになったのである。待ちに待った結婚であった。

しかし、二人の幸せな結婚生活も、ハリエットの急死により終わりを告げる。彼女は、七年半しかミルと一緒に生活できず、五一歳の若さで亡くなった。こんな悲しいことが他にあるであろうか。ミルの心中を察して余りある。彼は彼女の墓石に、「彼女の偉大にして愛すべき心、彼女の高貴な精神、彼女の透明で力強くしかも独創的で理解力に富む知性は、……彼女を指導者であり助力者とし、また知識の教示者、善の規範者とした。……彼女の影響は、当代の最大の多くの進歩のうちに見出され、しかも将来に及ぶであろう」と刻んだのである。

ミルは、ハリエットが死んだフランスのアヴィニョンに小さな家を買い、年の半ばをそこで過ごした。そして、一八七三年五月八日、彼女の墓に程近いアヴィニョンのその家で、一生を終えたのである。

第Ⅵ章

マルクス経済学

カール・マルクス

主著『資本論』第1巻（一八六七年）、『共産党宣言』（一八四八年）、『経済学批判』（一八五九年）

（1818-1883 年）

マルクスは、一八一八年五月五日、ドイツのトリアーに生まれた。彼の父はユダヤ人弁護士であり、トリアー市の顧問を務めていたほどの人物である。六歳の時に、父と同じくプロテスタントの洗礼を受ける。ヴィルヘルム・ギムナジウムで勉強した後、一八三五年に一八歳でボン大学に入学する。大学入学と同時に四歳年上のイェニーと婚約し、八年後の一八四三年に結婚した。ボン大学に続いてベルリン大学とイエナ大学で勉強を続け、イエナ大学のブルーノ・バウアーの影響から、「デモクリトスとエピクロスの自然哲学の差異」という論文で哲学博士の学位を取得する。

一八四二年には『ライン新聞』の編集長となるが、残念ながら一八四三年の四月に発行禁止となり、ドイツを追われる。その後、マルクス夫妻は、パリやブリュッセルを経由して、一八四九年八月にロンドンへ亡命した。その間に、エンゲルスと共同で、『ドイツ・イデオロギー』

（一八四五年）と『共産党宣言』（一八四八年）を書き上げる。『共産党宣言』の中にある、「これまでの社会の歴史はすべて階級闘争の歴史である。……労働者は鉄鎖のほかには失うものはなにもない。彼らの得るものは全世界である。万国の労働者よ、団結せよ！」という文章は、あまりに有名なものであろう。

その後、大英博物館の図書室で、朝から晩まで資本主義経済の研究を続け、一八五九年には『経済学批判』を、一八六七年には『資本論』第1巻を発行する。しかし、一八八一年に妻のイェニーが死去すると、そのショックもあってか、たくさんの原稿を残したままマルクスは亡くなる。一八八三年三月一四日、六四歳の時であった。エンゲルスは、マルクスの死後、一八八五年に『資本論』第2巻を、さらに一八九四年には『資本論』第3巻を出版した。

●資料11●　マルクスの史的唯物論……………………

人間は生活するのに、共同してものを生産するのであるが、そのさい、かれらの意志いかんにかかわらず存在している、一定の関係、すなわち生産関係に入らないわけにはいかない。この生産関係は、かれらの物質的生産力の一定の発展段階に対応する。この生産関係が、社会の経済構造を形づくっている。そして、これが現実の土台となって、その上に、法律的および政治的な上屋［上部構造］がそびえたつのである。またこの土台に適合して、一定の社会的意識形態のあれこれが作られる。だから、物質的生活のためにものを生産する様式（生産様式）が、社会的・政治的ならびに精神的な生活過程一般を左右するもととなるのである。つまり、人間の意識がかれらの存在を決めるのではなく、逆に、人間の社会的存在が、かれらの意識を決めるのである。……大ざっぱにいって、次々に進歩していく、経済的な社会組織の段階として、アジア的・古代的・封建的・近代ブルジョア的の諸生産様式を挙げることができる。ブルジョア生産関係は、社会的生産過程の、最後の敵対的な形態である。ここに敵対的というのは、個人的な敵対の意味ではなくて、諸個人が社会的に生活していく上での様々な条件から生じてくる敵対のことである。しかし、ブルジョア社会の胎内で発展しつつある生産力は、同時に、この敵対を解決するための物質的条件を作りだす。だから、このブルジョア社会をもって、人間社会の前史は、終わりをつげるのである（『経済学批判』序言）。

マルクス経済学は、資本主義に生じた政治的出来事や社会的・法律的制度に関わる一切を包括した総合科学と言えるものである。当時の資本主義は、資本家階級による締め付けが酷く、労働者階級は悲惨な状態に置かれていた。真に人間らしい生活を模索していたマルクスにとって、この惨状を放置しておくことはできない相談であった。そのために、階級闘争、搾取、疎外、剰余価値、資本の有機的構成、産業予備軍、恐慌、革命等という独特の専門用語を用いて資本主義経済を批判し、彼が言う「科学的社会主義」の理論作りに取り組んだのである。『資本論』第1巻には、商品の価値は、生産に必要な労働量によって決定される（労働価値説）とある。労働者は、自分の労働力商品の価値を超える価値を生み出すが、労働者が受け取るのは労働力商品の価値である賃金のみである。それゆえに、資本家の所得である利潤（剰余価値）は、まさに不払労働なのであり、生産手段の所有者によって搾取されたものだ、というのがマルクスの見解だった。

具体的な例を用いて説明しよう。労働者が資本家に、一日六時間という契約で労働力を提供するとする。しかし、資本家は労働者を一日一二時間働かせるであろう。この一二時間のうち六時間は、労働者の再生産のために支払われる対価であり、労働力商品の価値（賃金）となるが、資本家のために働く六時間は不払労働であり、これが剰余価値となる。資本家は、まさに合法的に労働力を手に入れ、労働者に労働力商品の価値を支払い、当然のごとく残余である剰余価値を受け取る。マルクスによる資本主義経済学批判は、経済社会の不条理が出発となっていたのである。

●資料12● マルクスの剰余価値論

けれども、われわれがすでに知っているように、労働力の価値の等価だけが再生産され、労働対象に付加される点を超えて、続行される。この点までなら六時間で十分だが、労働過程は、これですまずに、例えば一二時間つづく。したがって、労働力の活動によって、労働力そのものの価値が再生産されるだけでなく、超過価値も生産されるわけである。この剰余価値が、消耗された生産物形成者の、つまり生産手段と労働力の価値を超える、生産物価値の超過分をなす（『資本論』第1巻第6章）。

COLUMN 5

マルクスと現代日本の労働者

マルクス経済学が日本で隆盛を誇っていたのは、一九八九年のベルリンの壁が崩壊するまでであった。今は、見る影もないほどの衰退ぶりである。しかし、現在の日本では、資本家による労働者の搾取、非正規雇用の増加などを通じて、マルクスが考えた資本主義の世界が実現しているように見える。労働者は、正規労働者と非正規労働者に分断され、また正規労働者として一生懸命に働いたとしても、賃金はまったく増えず、ブラックと揶揄される企業が増殖している。その一方で、内部留保という名の企業貯蓄は異常に膨らみ、株主への配当や経営者への報酬の増大などが顕著となりつつある。

企業家は、マルクスが言ったように、利潤の増殖だけを考えて行動しているかのようである。『資本論』第1巻第4章には、「したがって、使用価値は、けっして資本家の直接目的として取り扱われるべきではない。個々の利得もまたそうであって、資本家の直接目的として取り扱われるべきものは、利得の休みなき運動でしかないのだ。こういう絶対的な致富衝動、こういう情熱的な価値追求は、資本家にも貨幣蓄蔵者にも共通のものではあるが、しかし貨幣蓄蔵者が狂気の資本家でしかないのに対して、資本家のほうは合理的な貨幣蓄蔵者である。貨幣蓄蔵者は、価値の休みなき増殖を、貨幣を流通から救いだそうとすることによって追求するが、より賢明な資本家は、貨幣をつねに新たに流通にゆだねることによって達成するわけである」とある。

マルクスが考えた資本の論理、すなわち「利得の休みなき増殖」、「価値の休みなき増殖」が、現実のものとなっているのが現代の日本である。労働者に対する不当な仕打ちや労働疎外、人間の尊厳を無視した雇用環境、リーマン・ショックなどの経済不況も日常的になっている。これを何とかしなければ、日本の将来は無い。今こそ、「日本の労働者よ、団結せよ！」と叫ぶ時ではないか。

第Ⅶ章

限界革命の経済学

近代経済学は、「限界効用」（marginal utility）という概念を修得することから始まる。これは、「ある財の消費量を一単位増加したとき、これに伴って増大する効用の大きさ」と規定される。実は、この概念を中心とする限界理論が提唱されたのが一八七〇年代であった。この年代は、経済学史の上でも、古典から近代への一大転機であると見なされ、「限界革命」（marginal revolution）と言う名で呼ばれる。

ここで、革命とまで言われる理由として、分析方法等に大きな変化が認められることを挙げなければならない。従来の古典派経済学では、社会生産物の拡大や、それの各階級間への分配が中心に論じられ、そこから生ずる利潤が経済社会の発展にいかに寄与するかを見るものであった。それに対して、新しい理論である限界理論は、主観的な立場から価値理論を確立し、一定の条件下での個別経済主体の合理的行動（極大化行動）が、資源の最適配分につながるという近代理論の基本的着想を提供した。

また、アダム・スミスが提起した「水とダイヤモンドのパラドックス」にも、限界効用理論が有効であった。水が無くては生きることができないが、水はたくさんあって稀少ではないため、限界効用がゼロとなり交換価値を持たない。その一方で、ダイヤモンドは、使用価値は低いのだが、その量が限られており、稀少性が極めて高いので限界効用が大きく、高い交換価値を持つのである。

第1節 ウィリアム・スタンリー・ジェヴォンズ

主著『経済学の理論』（一八七一年）、『石炭問題』（一八六五年）、『通貨と金融の理論』（一八八四年）

（1835-1882年）

ジェヴォンズは、一八三五年九月一日、リヴァプールのユニテリアン（英国国教会以外のキリスト教徒のことで神の単一性を強調する）の裕福な家庭に生まれた。しかし、一八四五年に母が亡くなると、続いて兄が精神病を発病し、さらに一八四八年の金融恐慌で父親の事業が倒産する。そのため、ジェヴォンズは、一八五一年に入学したロンドンのユニヴァーシティ・カレッジからの退学を余儀なくされる。そして彼は、指導教授の勧めで、オーストラリアのシドニーにある国立造幣局の分析官として赴任した。しかし、そのような人生の荒波を受けても彼の勉学意欲は衰えず、新天地であるシドニーで天文学などの自然科学のみならず、経済学を含めた社会科学全般に、強い興味を示すことになる。

一八五九年に帰国後、再びユニヴァーシティ・カレッジに入り直し、論理学・数学・経済学の研究を続けた。彼は自らの研究成果を、一八六三年に『純粋論理学』、一八六五年に『石炭問題』として出版し、一躍世間の注目を浴びる。時の宰相グラッドストーンは、『石炭問題』を読んで感激し、彼を首相官邸に呼んで歓待したという。彼の精力的な活動や地道な努力が実り、一八六六年にマンチェスター大学の論理学・経済学の教授に招聘される。そして、一八七一年になると、革新的な『経済学の理論』を出版し、ワルラスやメンガーと共に、近代的な限界効用理論の同時発見者となったのである。

●資料13● ケインズのジェヴォンズ評価・その1……………

ジェヴォンズの『理論』は、主観的評価、限界原理と、いまでは周知となった経済学上の代数や図形の技法に基づく価値の理論を、完成された形で、初めて提示した論著である。経済学に関する最初の近代的な書物として、それは新たにこの学科に取り組もうとしているすべての聡明な人たちに、異常に魅力のあるものとなった。単純で、明快で、断固としており、マーシャルが真綿でくるむような言い方をしたのに対して、それは石に刻んだように輪郭が鮮明であった（ケインズ『人物評伝』「ウィリアム・スタンリー・ジェヴォンズ」）。

●資料14●　ケインズのジェヴォンズ評価・その2

まことに、ジェヴォンズの『経済学の理論』は才気に溢れたものだが、せっかちな、不正確で不完全な小冊子であって、マーシャルの苦心をこらした、完璧な、極度に良心的な、極度に目立たないやり方とは雲泥の相違がある。それは、最終効用、ならびに労働の非効用と生産物の効用とのバランスの観念を印象ぶかく表面に持ち出している。しかし、マーシャルの辛抱づよく絶え間のない骨折りと科学的天才とによって展開された一大作業機械に比べると、それはただ稀薄な、気のきいた思いつきの世界の中の存在にすぎない。ジェヴォンズは釜が沸くのを見て子供のような喜びの叫びをあげた。マーシャルも釜が沸くのを見たが、黙って座りこんでエンジンを作ったのである（ケインズ『人物評伝』「アルフレッド・マーシャル」）。

ジェヴォンズは、一八七六年から母校であるユニヴァーシティ・カレッジの経済学の教授に就任した。しかし、彼の評判はあまり良くなく、一八八一年には同大教授を辞任した。そして、大変残念なことに、一八八二年八月一三日、水泳中に溺死したのである。四七歳という若さであった。ジェヴォンズの死後、フォックスウェル教授は、彼の業績を『通貨と金融の理論』（一八八四年）という論文集にまとめた。その中にある「商業恐慌と太陽黒点」は、ジェヴォンズの太陽黒点説として有名である。

さて、ジェヴォンズの『経済学の理論』を見てみたい。この書物は、自信に満ちた表現で溢れている。第2版の長い序文の末尾には、リカードウが経済科学の車輪を誤った軌道にそらし、さらにはJ・S・ミルが右の車輪も混乱に向かって推し進めた、と批判する。また、マルサスとシーニョアはよかったのだが、リカードウらの団結の前に、圏外に追放されてしまったと述べた後、困難な仕事に取り組む自分の決意を述べている。

●資料15● ジェヴォンズの決意……………………………

窮極において真の経済学体系が樹立された暁には、かの有能ではあるが、思想の間違った男デヴィド・リカードが経済科学の車輛を誤った軌道にそらしたことが判明するであろう。しかもこの軌道は、等しく有能であるが、思想の間違った彼の讃美者ジョン・スチュアート・ミルが右の車輛を混乱に向かってさらに押し進めていったところのものである。マルサスおよびシーニョアのごとき（なおリカードの誤謬より解放されてはおらぬとはいえ）真の学説をはるかによく理解した経済学者もあるが、彼らはリカード＝ミル学派の団結と勢力とによって圏外に追放されてしまった。破砕された一科学の断片を拾い上げ、新たに発足することは、尋常ならざる仕事である。しかしそれは、多少とも経済科学の進歩を見んと欲する人々の回避してはならない仕事なのである（『経済学の理論』第2版序文）。

さて、第1章には、経済学は数学的科学であるとして、「効用・価値・需要・供給・資本・利子・労働という概念は、すべて数量的なものであるから、それらの数量的概念に微分学を適用することが必要である」と述べている。第2章には、人間は快楽と苦痛によって動かされるとして、功利主義的な議論を展開し、経済学は快楽と苦痛の感情を出発とする点で心理学的基礎を持つと主張した。また、経済学方法論としては基本的に演繹的方法をとり、商品価値の決定要因は投下労働量ではなく、稀少性に基づく主観的満足にあるとした。

第3章の効用の理論では、任意の商品の消費から得られる満足を全部効用、特定部分量の効用を部分量の効用、消費された最後の増分についての効用を最終効用度（final degree of utility）と呼び、最終効用度が逓減することと、限界効用均等の法則（消費者均衡の理論）を証明した。これは、「極大満足が得られる配分は、それぞれの用途における最終効用度が等しい時」であり、消費者が最大の満足を得ることができる状態を示す。この章には、ジェヴォンズの独創性がよく示されている。

第4章の交換理論には、「生産費は供給を決定する。供給は最終効用度を決定する。最終効用度は価値を決定する」というよく知られている表現が見られる。第5章では、「労働供給は労働の報酬である生産物から得られる快楽と労働に伴う苦痛によって計られる」として、功利主義的な労働理論を提起した。第6章と第7章の地代と資本の理論を説明した後の結論部分で、「私は研究を阻害するものには、たとえそれが、J・S・ミル、アダム・スミスまたアリストテレスであっても、これに盲従することに反対する。われわれの経済学は経験と推理に訴えかけるよりも学説に重きをおくために、あまりにも停滞しつづけている」と檄を飛ばした。彼は、あらゆる権威に対する挑戦者だったのである。

COLUMN 6

ジェヴォンズの太陽黒点説

ジェヴォンズの太陽黒点説は、太陽の黒点活動と景気変動を関係づけたものである（約一〇年周期説）。彼は、太陽活動の周期的な変化が地球上の気象状態を変化させ、それが自然環境や農作物の豊不作、諸商品の需要・供給に影響を与えることで、景気全体に作用すると考えた。多くの経済学者は、ジェヴォンズの太陽黒点説を、嘲笑ないし無視している様に見えるが、本当にこの説を無視ないし嘲笑してよいのだろうか。

現代の景気循環論には、ジュグラーの波のように約一〇年周期のものがあり、これは一般に設備投資や機械更新の波とされている。

ジェヴォンズは、一七二一年から一八七六年までのデータを用いながら、主要な景気後退（商業恐慌）が約一〇年の間隔で発生していることを確かめる。一方で、オーストラリアで実際に行った気象学の研究から、天文学者のブラウン氏が推定した太陽黒点数の周期が、約一〇年であることもよく知っていた。そこで彼は、約一〇年周期の設備投資循環よりも、約一〇年周期の太陽黒点数の増加こそが、景気後退（商業恐慌）の原因であると結論付けたのである。なぜなら、設備投資の循環が約一〇年というのは、機械設備の寿命が約一〇年であることからきているが、機械設備の耐用年数は実際にはそれぞれに違っているだけでなく、時代によっても変化するものなので、この説が正しいとは限らないからである。

彼の「商業恐慌と太陽黒点」（一八七八年）と題する論文の終わりには、「太陽が沈むことの決してない、そしてまた、その商業が、太陽に恵まれた南の地方のありとあらゆる港と入江に及んでいる帝国であるならば、エネルギーの原泉に注視し続けていくことを、賢くも怠ってはならないのである。まさしく、この偉大なる世界の眼にして魂である太陽から、われわれは、自分たちの強さと弱さ、成功と失敗、商業熱に浮かされての絶頂感、そして商業の崩壊に際しての失意と没落を引き出しているのである」と書かれている。これは、太陽黒点数の変動と景気の好不況の間に、密接な関係があることを確信していた、ジェヴォンズならではの文章である。

太陽活動の活発化（太陽黒点数の増大）による地球温暖化は、穀物などの豊作をもたらし、穀物価格の下落を引き起こすだけでなく、石油エネルギー需要を減少させ、デフレーションを誘発する。また、太陽活動の不活発化（太陽黒点数の減少）による地球寒冷化は、穀物などの不作をもたらし、穀物価格の上昇を引き起こすだけでなく、石油エネルギー需要を増大させ、インフレーションを誘発する。太陽と気候、気候と人間の心理、人間の心理と景気は複雑に絡み合い、われわれの生活を支配している。ジェヴォンズの太陽黒点説を笑ってはならないのである。

2

第2節 カール・メンガー

主著『国民経済学原理』（一八七一年）、『ドイツ経済学における歴史主義の誤謬』（一八八四年）

（1840-1921 年）

カール・メンガーは、裕福な弁護士一家の三兄弟の一人として、一八四〇年二月二三日に当時のオーストリアで生まれた。父は、彼が八歳の時に死去している。兄のマックスは自由派の代議士として、弟のアントンはウィーン大学の法学部教授として活躍した。

カール・メンガーは、ウィーン大学、プラハ大学、クラクフ大学で法律を学び、一八六七年にクラクフ大学で法学博士の学位を取得する。ウィーンのジャーナリズムで活躍した後、一八八六七年九月から経済学の研究を開始し、一八七一年に主著『国民経済学原理』を出版した。その出版により、ウィーン大学私講師に任命され、一八七三年には同大助教授となる。

一八七六年になると、オーストリア皇太子ルドルフの教育係となり、一八七七年からはアダム・スミスに倣ってヨーロッパを二年間旅行する。一八七八年にウィーン大学経済学部教授として戻ると、ドイツ歴史学派を攻撃した『社会科学とくに経済学の方法論の研究』（一八八三年）を出版し、方法論争の口火を切った。シュモラーへの攻撃を意図した『ドイツ経済学における歴史主義の誤謬』（一八八四年）は、両者の亀裂を長引かせる役割を演じた書物となった。一八八八年には『資本論』、一八九二年には『貨幣論』を出版したが、ドイツ歴史学派との論争などに疲れ、一九〇三年に大学教授職を辞任する。メンガーは、イギリスのジェヴォンズとは異なり、ベーム＝バヴェルクやヴィーザーといった優れた弟子を育て、その後長く続くオーストリア学派の創設者となった。

メンガー文庫にも触れておきたい。メンガーの収集した蔵書は膨大な数に上るが、その約二万冊を第一次大戦後に東京商科大学が購入する。現在では、一橋大学の「社会科学古典センター」にメンガー文庫として所蔵されており、三つの特色を持つ。第一は、経済学や社会思想の古典が充実していること、第二は、法学や歴史学、社会学や民俗学などの周辺諸学にまで広がっていること、第三には、メンガー自身による書入れや自筆ノートなどが含まれていることである。

図表2　メンガーの欲望満足のスケール

Ⅰ	Ⅱ	Ⅲ	Ⅳ	Ⅴ	Ⅵ	Ⅶ	Ⅷ	Ⅸ	Ⅹ
10	9	8	7	6	5	4	3	2	1
9	8	7	6	5	4	3	2	1	0
8	7	6	5	4	3	2	1	0	
7	6	5	4	3	2	1	0		
6	5	4	3	2	1	0			
5	4	3	2	1	0	(ダイヤモンド)			
4	3	2	1	0					
3	2	1	0	(タバコ)					
2	1	0							
1	0								
0	(水)								
(食物)									

注1）Ⅰ～Ⅹは10個の異なる欲望（食物、タバコ等々）
注2）1～10のアラビヤ数字は財の消費から得る欲望満足の意義

メンガーの『国民経済学原理』は、第1章「財の一般理論」、第2章「経済と経済財」、第3章「価値の理論」、第4章「交換の理論」、第5章「価格の理論」、第6章「使用価値と交換価値」、第7章「商品の価値」、第8章「貨幣の理論」という構成になっている。

第1章では、財性質の四条件として、(1)人間の欲望、(2)ある物をこの欲望の満足との因果的連関のなかにおくことを可能にするような物の諸属性、(3)人間の側でのこの因果連関の認識、(4)その物を上記の欲望の満足のために実際に用いることができるように、それを支配すること、を指摘している。そして、欲望満足に直接役立つ消費財を第一次財、生産財を高次財と位置づけている。第2章では、経済財と非経済財の区別が述べられる。次に、この書物で最も重要な第3章「価値の理論」では、「価値とは、具体的な財または具体的な財数量が、われわれにたいして獲得する意義（Bedutung）、自分の欲望を満足させることがこれらの支配に依存していることをわれわれに意識させることによって、それらがわれわれにたいして獲得する意義である」と定義している。

さらに、異なる具体的諸欲望の満足は、人間に対して、どの程度に異なった意義を持つのか（主観的契機）として、有名な欲望満足のスケールを提示し、それぞれの場合に、どんな具体的な欲望の満足が一定財に対するわれわれの支配にかかっているのか（客観的契機）として、欲望満足の意義を示している。

●資料16●　メンガーの価値の原理

今までの研究の結果として、次の原理が得られる。

1．財がわれわれにたいしてもつ価値と呼ばれる意義は、単に移転されたものにすぎない。本源的にはただ欲望満足のみがわれわれにたいして意義をもつが、それはこの欲望満足にわれわれの生命と福祉との維持がかかっているからである。われわれは、論理的な関連を追って、この意義を、それの支配することにこの欲望満足が依存していることがわれわれに意識される財に移転するのである。

2. さまざまな具体的欲望満足がわれわれにたいしてもつ意義の大きさは不等であって、この大きさの測度は、これらの欲望満足がわれわれの生命や福祉の維持にたいしてもつ重要度のうちにある。

3. したがって、財に移転されたわれわれの欲望満足の意義の大きさ、つまり価値の大きさも同様に異なっていて、その測度は、その財に依存する欲望満足がわれわれにたいしてもつ意義の測度のうちにある。

4. あらゆる具体的な場合において、一経済主体の支配下にある一財の全数量中の一定部分量の支配には、この全数量で確保される諸欲望満足の中で、その主体にたいして最小の意義をもつものだけが依存している。

5. 一具体財の価値、あるいは一経済主体の支配下にあるその財の全数量の中の一定部分量の価値は、支配下にある全数量によって確保され、またこの部分量によってもたらされうる欲望満足の中で、最も重要さの小さなものがこの主体にたいしてもつ意義に等しい。というのは、この欲望満足こそが、それに関して問題の経済主体がその具体財またはその財数量の支配に依存しているものだからである（『国民経済学原理』第3章）。

第4章では交換の理論について、馬と牝牛の例を用いて説明されている。第5章は需要・供給による価格形成である。ここでは、ワルラスなどの完全競争市場での説明ではなく、孤立的交換から独占取引、そして競争市場での取引というように段階的に解説している。第6章では使用価値と交換価値をメンガーらしく論じている。第7章は商品の理論であり、最終の第8章は貨幣論となっている。

COLUMN 7

限界革命のトリオ

カール・メンガーは、一八七一年に『国民経済学原理』を出版した。同じ年にジェヴォンズも『経済学の理論』を出版する。彼らの出版から遅れること三年の一八七四年に、ワルラスも、『純粋経済学要論』の第1分冊を出版する。彼ら三人は、まったく同じ時期に価値の限界理論を提唱し、古典派との決別を図った。

一九三〇年頃になると、彼ら三人のことを「限界革命のトリオ」と呼ぶようになる。このように表現すると、三人は何か示し合わせて、価値の限界理論を提唱したかのように見えるが、実態はまったく異なっている。三人が同じ時期に、同じ限界原理の発見をしたのは、まったく偶然の一致であった。

また、現在から振り返ると、三人には共通点よりも、異なった要素の方が多いように思われる。たとえば、メンガーは、主観的な欲望満足の強調や生産財（高次財）価値への限界効用理論の適用、完全競争市場均衡概念や数学的分析の否定など、他の二人の分析とは著しく異なる。また、ワルラスの多次元方程式モデルを駆使した数学的な経済理論は、ジェヴォンズの数学的説明よりも、より一般均衡論的であった。

さらに、メンガーは、ベーム＝バヴェルクやウィザーといった優秀な弟子を獲得し、その後長く続く「オーストリア学派」を創設したが、ジェヴォンズには後継者がおらず、ワルラスもフランスやスイスに弟子を持つことは無かった。ワルラスの後継者は、イタリア人のパレートである。

「限界革命のトリオ」は、着想も異なった文献から得ていたし、お互いに何の面識も持っていなかった。先ほども述べたように、三人が同じ時期に、同じ限界原理の発見をしたのは、まったく偶然の一致であったと考えるべきであろう。

第3節 レオン・ワルラス

3

主著『純粋経済学要論』（一八七四年・一八七七年）、『社会的富の数学的理論』（一八七七年）

（1834-1910 年）

ワルラスは一八三四年、フランスのエヴルーで生まれた。一八五一年に文科系大学の入学資格を、一八五三年には理科系大学の入学資格を取得した。エコール・ポリテクニック（理工科大学）の入学試験に二度失敗したため、一八五四年にパリ鉱山大学に入学した。しかし、そこでの勉学に興味が持てず、同大学を退学の後、小説家、ジャーナリスト、鉄道員、協同組合銀行員などの職を転々とする。

一八五八年には、小説『フランシス・ソーヴール』を自費出版したが評価されなかった。一八六〇年には、『経済学と正義――社会問題研究序説およびプルードン氏の経済学説の批判的吟味と反駁』と題する書物を出版する。さらに、協同組合銀行員としての活動から、一八六五年には『消費、生産、および信用についての庶民組合』を上梓した。

一八七〇年、ローザンヌ大学に新設された経済学教授に首尾よく選出され、一八七四年には主著『純粋経済学要論』の第1分冊を出版する（第2分冊は一八七七年に出版）。この書物は、多次元方程式モデルを駆使した数学的な経済理論であったため、多くの経済学者から無視されるか、読者を追い払う結果となった。それゆえ、ワルラスは、自説の独創性を世界に知らしめようと、主著の改定にあらゆる時間と精力を集中し、一八八九年は第2版、一八九六年には第3版、一九〇〇年には第4版を出版した。『純粋経済学要論』は、一九五四年に英訳された後、経済学における不朽の業績との評価が急速に高まった。

一八九三年にローザンヌ大学を退職したが、同大学は一九〇九年、彼の生誕七五年と経済学者生活五〇年を記念する祝典を開催した。彼には、一般均衡論の創始者として、世界中から賞賛の祝辞が寄せられた。その中でもワルラスを喜ばせたものは、「ワルラスの体系は天文学におけるケプラーの体系に匹敵する」とした、一九名のフランス人経済学者による賛美であった。式典の半年後にあたる一九一〇年一月五日に、七六歳で死去した。

さて、ワルラスの『純粋経済学要論』（第4版）を見てみたい。序論にある「純粋経済学は、本質的には完全な自由競争を仮定した制度のもとにおける価格決定の理論である」という文章は、この書物を特徴づけるものである。

●資料17● ワルラスの純粋経済学

純粋経済学は、本質的には完全な自由競争を仮定した制度のもとにおける価格決定の理論である。稀少であるために、すなわち有用であっても数量が限られているために、価格をもつことのできる、有形もしくは無形のすべてのものの総体が、社会的富を構成する。したがって、純粋経済学はまた社会的富の理論である（『純粋経済学要論』第4版への序）。

次に、本書の構成は、第1編「経済学と社会経済学の目的および区分　①純粋経済学、②価格決定論、③社会経済学、④分配論」、第2編「2商品間の交換理論」、第3編「多数商品」、第4編「生産の理論（限界生産力理論）」、第5編「資本形成および信用の理論」、第6編「流通および貨幣の理論」、第7編「経済的進歩の条件と結果　純粋経済学の諸体系批判」、第8編「公定価格、独占および租税について」となっている。

彼の経済学方法論としては、経済現象全般の相互依存関係、ないし関数関係の分析を重視するもので、一般均衡論を議論の中心に置いている。スイスのローザンヌ大学で、ワルラス、パレートにより発展・継承された学派なので、ローザンヌ学派とも言う。

COLUMN 8

レオン・ワルラスの経済学三部作

レオン・ワルラスは、経済学に関心の高かったオーギュスト・ワルラスの息子であった。父の『富の性質および価値の起源について』（一八三一年）は、父の友人であったクールノーの『富の理論の数学的原理についての研究』（一八三八年）と並んで、レオン・ワルラスに大きな影響を与えた書物であった。この父が、社会主義的な土地国有化を論じ、反体制的な議論を展開していたのである。

レオン・ワルラスも、父の主張を全面的に

受け入れ、一八六八年には『社会理想の研究』を出版し、自由競争による福祉の最大化と両立しないような土地や鉄道・独占企業といった私有財産を、有償で国有化することを主張した。これは、社会経済学の目標として、アリストテレスの正義の実現を期待したからである。

レオン・ワルラスの業績としては、『純粋経済学要論』のように純粋経済学を扱ったものが最も有名であり、「純粋理論に関する限り、私の意見では、ワルラスが全経済学者のうちで、最も偉大である。彼の一般均衡体系は、「革命的」創造性と古典的総合の特性とをあるがままに統合させており、理論物理学の業績に匹敵する一経済学者による唯一の研究なのである」という最高の評価をシュンペーターがしているのは事実である。

しかし、ワルラスが若いときに取り組んだ『社会理想の研究』をはじめ、「調停もしくは総括の方法」、「所有権の理論」、「財政問題」を含んだ一八九六年の『社会経済学研究』のように、土地の国有化を論じた社会主義的な議論を無視することはできない。一八九八年には、『純粋経済学要論』のように自己完結的な書物ではないが、旧稿を集めた『応用経済学研究』を出版し、彼の経済学三部作としたのである。

第Ⅷ章

新古典派経済学

アダム・スミスなど、イギリス古典派経済学の伝統を継承した、マーシャルから始まるケンブリッジ学派のことを、「新古典派経済学」（neoclassical economics）と呼ぶ。現在では、限界革命を推し進めたジェヴォンズ、メンガー、ワルラスや、アメリカのフィッシャーなどを含めることがある。彼らは、価値の理論として限界理論を用い、経済主体の最適化行動や市場均衡分析を追及した。特に、マーケット・メカニズムに対する信頼が強く、自由な市場が資源の最適配分をもたらすと考えたのである。

1 第1節 アルフレッド・マーシャル

主著『経済学原理』（一八九〇年）、『貨幣・信用・商業』（一九二三年）

（1842-1924年）

マーシャルは一八四二年七月二六日、クラパムのシャーロッテ・ロウ66で生まれた。一八六一年、マーチャント・テーラーズ・スクールからケンブリッジ大学のセント・ジョンズ・カレッジに入学する。カレッジでは数学に打ち込み、一八六五年に数学優等卒業試験の第二位優等者として卒業した。卒業後、しばらくは数学の教師をしており、物理学にも関心を持つ。しかし、シジウィックの影響を強く受け、数学や物理学などの自然科学から哲学・倫理学・経済学といった社会科学へと関心を移していき、一八六八年に道徳哲学の講師に任命される。

一八七五年、五カ月ほどアメリカを旅して回った後、一八七七年には教え子であったメアリー・ペイリーと結婚し、ブリストルのユニヴァーシティ・カレッジに赴任する。そこで五年間過ごした後、オックスフォードのベリオル・カレッジを経て、一八八五年ケンブリッジ大学経済学教授に就任した。マーシャルの教授就任演説である「経済学の現状」は、多くの教師や学生を魅了したのであった。

●資料18●　マーシャルの教授就任演説……………………

何故、このような多くの人たちの生活が、泥沼と汚濁と惨めさの真只中に引きずり込まれているのだろうか。何故、このように多くのやつれた顔や、いじけた心が今もなお見られるのだろうか。それは、主として富が十分でないからであり、また現にある富が適切に分配されず、そしてまた人々が上手に富を使いこなしていないからである。……強い人間の偉大なる母であるケンブリッジが世に送り出す者は、冷静な頭脳と温かい心（cool head but warm heart）を持ち、彼らを取りまく社会的苦悩と戦うために、その最善の能力の少なくとも幾分でも喜んで捧げ、また教養ある高尚な生活のための物質的手段を万人に開放することが、どの程度にまで可能であるかを明らかにするために、自らの全能力を尽くさぬまでは、決して満足しないと決意した人々なのである。そういう人々をますます多く世に送り出すために、私は乏しい才能と限られた力のすべてを傾けて、できるだけの事を成し遂げたいというのが、胸中深く秘められた念願であり、また最高の努力なのである（ケインズ『人物評伝』「アルフレッド・マーシャル」）。

一八九〇年には名著『経済学原理』を出版する。この書物の表紙には、「自然は飛躍せず」（natura non facit saltum）というモットーが掲げてあり、長い間ケンブリッジの経済学を支配することとなった。彼は、ピグーやケインズ等多くの弟子を育て、経済学の普及に貢献した。そのため、彼の経済学を継承する人々のことをケンブリッジ学派と言う。また、彼らは、アダム・スミス、リカードウ、J・S・ミル等の古典派の流れを継承するという意味で、新古典派とも呼ばれている。

マーシャルは様々な委員会で活躍した後、一九〇九年に経済学教授の地位をピグーに譲り、第一線から退く。しかし、彼は退職した後の活動も活発であり、一九一九年には『産業と商業』、一九二三年には『貨幣・信用・商業』を出版する。そして、一九二四年七月一三日、八二歳の誕生日の二週間前に亡くなった。

●資料19●　マーシャルの理想的な多面性……………

彼の本性の多面性は、純然たる強みであった。経済学の研究には、なんらかの人並外れて高次な専門的資質が必要とされるようには見えない。それは知的見地から言って、哲学や純粋科学などのより高級な部門に比べると、はなはだ平易な学問ではあるまいか。それなのにすぐれた経済学者、いな有能な経済学者すら、類まれな存在なのである。平易で、しかもこれに抜きん出た人のきわめて乏しい学科！　こういうパラドックスの説明は、おそらく、経済学の大家はもろもろの資質のまれなる組み合わせを持ち合わせていなければならない、ということのうちに見出されるであろう。そういう人はいくつかの違った方面で高い水準に達しており、めったに一緒にはみられない才能をかね具えていなければならない。

彼はある程度まで、数学者で、歴史家で、政治家で、哲学者でなければならない。彼は記号も分かるし、言葉も話さなければならない。彼は普遍的な見地から特殊を考察し、抽象と具体とを同じ思考の動きの中で取り扱わなければならない。彼は未来の目的のために、過去に照らして現在を研究しなければならない。人間の性質や制度のどんな部分も、まったく彼の関心の外にあってはならない。彼はその気構えにおいて目的意識に富むと同時に公平無私でなければならず、芸術家のように超然として清廉、しかも時には政治家のように世俗に接近していなければならない。こうした理想的な多面性の多くを、そのすべてではないが、マーシャルは具えていた（ケインズ『人物評伝』「アルフレッド・マーシャル」）。

マーシャルは、アダム・スミスと同じように、政府の役割については、その必要性を十分に認識していたが、その一方で自由競争市場経済への限りない信頼を持っていた。「経済騎士道」の精神を持った企業者が中心となり経済活動が活発化すると、活力や自主性が高まり、一国全体の国民所得も向上する。それが、消費支出と結びついた安楽水準を高め、それにより「生活基準」も一層高まると考えたのである。

さて、彼の主著である『経済学原理』の構成は、第1編「予備的考察」、第2編「若干の基本的概念」、第3編「欲望とその満足」、第4編「生産諸要因　土地・労働・資本と組織」、第5編「需要・供給と価値の一般的諸関係」、第6編「国民所得の分配」、付録（A－L）と数学付録（I－XXIV）となっている。この書物は、一般のビジネスマンにも読んでもらおうと、数学などの難しい表現は付録に回し、誰でも読めるようなやさしい言葉で書かれている。マーシャルは、経済学を富の研究であると同時に、日常生活における人々の行動と慣習などを取り扱う人間の研究である、と考えていたからである。

●資料20●　マーシャルの経済学の定義……………………………

政治経済学ないし経済学は、生活上の日常業務における人間の研究である。すなわち、個人的・社会的活動のうち、福祉の物質的必要品の獲得と使用に最も結びついた部分を検討するものであり、それは一面において富の研究であるとともに、多面において―この方がもっと重要だが―人間研究の一部である。なぜなら、人の性格は、その日の仕事と、仕事を通じて得られる物的資源によって形作られるものだからである。……人にその生計の糧を得させる仕事は、一般に彼の精神が最善の状態にあるほとんど大部分の時間中、彼の思考を奪うものだからである。これらの時間中、彼の仕事における能力の用い方により、またその仕事の暗示する思想・感情により、そしてまた、仕事上の同僚、雇い主、あるいは被雇用者たちとの関係によって、彼の性格は形作られるものである（『経済学原理』序章）。

さて、「一市場における需要の弾力性は、所与の価格の下落に対して、需要量が大いに増大するか、少ししか増加しないか、また所与の価格の上昇に対して、それが大幅に減少するか、少ししか増加しないかに従って、市場における弾力性は、あるいは大であり、あるいは小である」という需要の価格弾力性概念は、マーシャルが創案した数多くの分析道具の中でも、最も重要なものである。また、需要曲線と限界効用曲線を同一と考え、「ある人が、それなしで済ますくらいなら支払ってもよいと考えている価格が、実際に支払う価格を超える分は、彼の余剰満足をはかる経済的な尺度となる。これを消費者余剰と呼ぶことにしよう」として消費者余剰の概念を作り上げた。さらに、生産要素として土地・労働・資本に加えて、組織を導入したことも彼の貢献である。

また、「ある任意の種類の財貨の生産規模の増大から生じる経済は、二つの種類に分けられる。その一つは、その産業の一般的発展に依存する経済であり、他の一つはその産業にたずさわる個々の事業体の資源と、それらの組織、経営上の能率に依存する経済である」として、前者を外部経済、後者を内部経済と呼んだ。そして、「相当に長い寿命をもち、かなりの成功をおさめ、さらに正常能力をもって運営されており、内部経済と外部経済を正常に享受している企業のこと」を代表的企業と定義づけるなど、彼が作り出した分析道具は実に多い。

最も素晴らしいと筆者が考えるのは、需要と供給による価格決定に見られる次の表現である。すなわち、「価値が効用で決まるのか、あるいは生産費で決まるのかは、一枚の紙を切るのはハサミの上の刃なのか、それとも下の刃なのかについて議論するようなものだ」として、価値問題の対象領域を一時的・短期・長期・超長期といった四つの領域に大別したことである。もちろん、短期では需要が大きな役割を果たし、長期では供給が大きな役割を果たすが、正常価格の分析には長期概念が重要な役割を持つことになる。

マーシャルの欠点をあえて挙げるとすれば、経済学という科学的機械への信頼があまりに強すぎたこと、ミクロ経済学を重視しすぎたためにマクロ経済学的な問題を軽視したことなどが挙げられる。これらは、弟子であるピグーやケインズが取り組むべき問題となるのである。

COLUMN 9

マーシャルと『産業経済学』

マーシャルは、イギリスの経済学において、あるいは経済学史全体において、最も重要な人物の一人である。ケンブリッジに経済学の優等卒業試験を導入したのも彼であるし、シジィウィックに頼まれて、ケンブリッジのニューナム・カレッジで女性に経済学を教えたのも彼であった。彼の妻であるメアリーは、そこでの彼の教え子であり、学生時代に「ケンブリッジ婦人高等教育促進協会」の運動家として活躍し、一八七四年には非公式ではあったが、女性ではじめて道徳科学の優等試験に合格した才媛であった。

メアリーは、マーシャルが説いた「結婚生活の理想は、しばしば、夫と妻とがお互いのために生活すべきものであるとされている。これの意味するところが、彼らの相互の満足のために生活すべきだというのであれば、それは私にはきわめて不道徳なことのように思われる。夫と妻はお互いのためにではなく、お互い同士で、ある目的のために生活しなければならない」という言葉に惹かれて結婚し、二人の共同作業は一八七九年にマクミランから出版された『産業経済学』という素晴らしい書物に結実した。

ところが、マーシャルは一八九〇年に『経済学原理』を出版するやいなや、二人の共著『産業経済学』を絶版にしたのである。ケインズが、マーシャルのこの暴挙を批判したことは有名である。ケインズは、『産業経済学』が優れたテキストであると高く評価し、特に第3編にある労働組合論や協同組合論は、近代的な展開として重要であると考えた。

ケインズは、「初歩の教科書と言うものがともかく必要であるとすれば、この書物はおそらく、これと同時代のものや従前のものと比較して、類書の中では最良のもの―フォーセット夫人とかジェヴォンズの入門書、あるいはその後に出た多数のうちのどれよりもはるかにすぐれたもの―であった。のみならず、同業組合、労働組合、労働争議、および協同組合に関する第3編の後段は、これらの重要な題目の、近代的方式による最初の満足な取り扱いであった」と『産業経済学』を絶賛したのである。

マーシャルは、「私は、時が経過して、年々の大きな変化が、しっかりしたものになり、十分な効果を生むまでは、女性に学位を許すように大学評議会に要求するのは、間違いだと考える」として、女性に学位を授与することにも強く反対した。複雑で、天邪鬼なのが、彼の本性であった。ケインズも言っているように、自分たちのソクラテスはいささか変人であった、ということであろうか。

2

第2節
アーサー・ピグー

主著『厚生経済学』（一九二〇年）、『失業の理論』（一九三三年）

（1877-1959年）

ピグーは、一八七七年一一月一八日、イギリス南部のワイト島で生まれた。パブリック・スクールで有名なハロー校を首席で卒業後、キングズ・カレッジで学ぶ。一八九九年、歴史学優等卒業試験に1番で合格すると同時に、「アルフレッド大王に寄せる叙情詩」を作り、名誉総長賞の金メダルを獲得する。ピグーは、詩人になりたいと考えていたのである。

ところが、マーシャルの強い勧めもあり、経済学に取り組むこととなった。一九〇一年には、「最近50年におけるイギリスの農産物の相対価値の変化の原因と影響」という論文でコブデン賞、一九〇三年には「産業平和の原理と方法」でアダム・スミス賞を獲得する。そして、一九〇四年にガードラーズ大学の経済学講師に任命された後、一九〇八年に三〇歳の若さで、マーシャルの後任として、ケンブリッジ大学の経済学教授となる。それ以後、ロバートソンにその地位を譲る一九四四年まで、三六年の長きにわたって、学問研究の日々を送ったのである。

ところで、ピグーの教授就任演説もマーシャルに劣らず有名で、「経済学は公明（light）をもたらす科学というよりは、果実（fruit）をもたらす科学であるべきだ」として、理論より実践が重要であることを強調した。実践との関連では、失業の解消（完全雇用の実現）、インフレ・デフレの抑制（物価の安定）、貿易黒字・赤字の是正（国際収支の均衡）、国民所得の増大（経済成長の実現）などを掲げている。

●資料21● ピグーの経済学方法論

人が何かを研究とようとするとき、その目的は光明か果実か、すなわち知識それ自体のための知識か、あるいは知識によって得られる良いもののための知識か、どちらかであろう。二つの目的のどちらに重点をおくかは、学問によって異なっている。一方の極端は形而上学であって、それは公明のみを求め、果実はほとんど求めようとない。物理学の研究者もこれに似ている。しかし、その研究の結果は、他日、原子間のエネルギーの巨大な資源を利用できるような実際的方法をも発見することに役立つかもしれないから、もう一方の面である果実が期待されている。生物学では果実をもたらす面が一層強い。遺伝に関する研究は、理論的興味の大きいものであるが、小麦栽培や人類の改良のために利用される。……ところで、人間社会を研究する学問はどうであろうか。公明よりも果実を期待するのが大多数の考え方である。人間の社会的行動の科学的研究が、必ずしも直接または即時にはないとしても、いつかは何らかの方法で社会的改善の実際上の成果をあげるに到るであろうという希望をもって研究されるのでなかったならば、これらの行動についての研究家の多くは、その研究のために捧げられた時間を浪費された時間とみなすであろう。このことは、あらゆる社会科学に当てはまるが、経済学に特に適切である。何故かというと、経済学は「日常の生活業務における人間の研究である」からである（『厚生経済学』第1章）。

第一次世界大戦が起こると、ピグーは体調を崩した時もあったが、一九二〇年に戦時金融の書物として『戦争の政治経済学』を出版する。その後、ピグーは各種委員会の委員として活躍し、戦前の平価で金本位制を復活させることが望ましいと主張する。大蔵大臣であったチャーチルは、ピグーなどの主張を受け入れて、一九二五年に金本位制に戻したが、ケインズが『チャーチル氏の経済的帰結』を書いて、金本位制への復帰に全面的に反対したことは有名である。一九三九年には、王立経済学会の会長に就任しており、その演説で、以前の自分の主張であった保護貿易に幻滅を感じたと述べる。正直なのが彼の取り柄であった。

さて、ピグーの『厚生経済学』（一九二〇年）は、一九一二年に出された『富と厚生』を拡大したもので、経済学の中でも燦然と輝く名著であろう。「厚生（Welfare）とは、心理的状況であって、物とか物的状況を示さないこと、および大小比較のみができるものだ」という前提のもとで、このような社会的厚生の中で、直接か間接に貨幣に関連づけられるものを経済的厚生と呼び、ピグーはそれを研究の対象とした。

有名な三命題とは、他の事情が等しいならば、①国民所得の平均量が大きければ大きいほど経済的厚生を増大させる、②国民所得のうち、貧者へ帰属する平均取得分が大きければ大きいほど経済的厚生を増大させる、③国民所得の年々の量および貧者へ帰属する年々の取得分が変動することが少なければ少ないほど経済的厚生を増大させる、というものである。ピグーは、『厚生経済学』の大半を使ってこの三命題を証明する。自由な市場は、分配の問題において、必ずしも適正な状況を作るとは限らないので、所得の再分配が必要不可欠となるのである。

ピグーの雇用理論としては、一九三三年に書かれた『失業の理論』が有名である。一般的には、労働者の実質賃金が低いほど、社会全体の雇用量は増大するとして、価格の自動調節機能を肯定したと言われている。このような賃金の引き下げによる物価水準の下落は、賃金⤵⇓物価水準⤵⇓保有資産・現金の実質価値⤴⇓非賃金所得者の消費⤴⇓生産・雇用⤴というルートで失業の解消させる可能性があることから、「ピグー効果」と命名されている。ケインズも、理論的には、賃金⤵⇓物価水準⤵⇓取引動機の貨幣需要⤵⇓利子率⤵⇓投資⤴⇓生産・雇用⤴というルートは考えることができるとした（「ケインズ効果」）が、実際には賃金の引き下げによる購買力の低下が、有効需要の低下に続く国民所得の減少を引き起こし、かえって失業を増大させる可能性が高い、と主張した。

一九四四年、ピグーは経済学教授職をロバートソンに譲り、ケンブリッジ大学を退職した。しかし、退職後も名誉教授としてキングズ・カレッジにとどまり、『貨幣論』（一九四九年）などの書物を数冊出版する。一九五九年三月七日、八二歳で死去した。

COLUMN 10

ピグーとケインズ

ピグーは、極めて優秀な経済学者であった、と筆者は考える。彼の研究業績が、恩師のマーシャルや弟子のケインズをはるかに超えていたことも、その理由として挙げられよう。数々の論文執筆はもちろんのこと、一九〇一年以降半世紀にわたってピグーは、ほぼ毎年一冊の書物を刊行し続けたのである。

具体的には、『神学者としてのロバート・ブラウニング』（一九〇一年）、『慈善の問題』（一九〇一年）、『関税』（一九〇三年）、『産業平和の原理と方法』（一九〇五年）、『輸入関税』（一九〇六年）、『有神論の問題』（一九〇八年）、『弱い精神の問題』（一九〇九年）、『富と厚生』（一九一二年）、『失業』（一九一三年）、『家について』（一九一四年）、『産業、商業、財政』（一九一六年）、『戦争と経済関係』（一九一六年）、『厚生経済学』（一九二〇年、一九二四年、一九二九年、一九三二年）、『資本と戦争』

（一九二〇年）、『戦争の政治経済学』（一九二〇年）、『信用、通貨、為替変動』（一九二〇年）、『応用経済学』（一九二三年）、『マーシャル伝』（一九二五年）、『産業の変動』（一九二六年）、『イギリスの経済的地位』（一九二七年）、『経済分析の機能』（一九二七年）、『財政学研究』（一九二八年）、『経済学評論』（一九三一年）、『失業の理論』（一九三三年）、『実践の経済学』（一九三五年）、『静態の経済学』（一九三五年）、『社会主義対資本主義』（一九三六年）、『イギリスの経済的地位』（一九三六年）、『雇用と均衡』（一九四一年）、『完全雇用からの逸脱』（一九四五年）、『所得』（一九四六年）、『貨幣論』（一九四九年）、『ケインズの一般理論』（一九五〇年）、『経済学評論集』（一九五二年）である。

　ケインズが、自分の理論の優位性を強調するために、ピグーの『失業の理論』を攻撃したことは有名である。ケインズは、ピグーが雇用を増大させるために実質賃金の切り下げを主張した、と述べた。これだけの業績を誇るピグーなので、雇用の増大には実質賃金の切り下げが理論的に有効かもしれないが、ケインズと同様、それが実際には可能であるとは考えていなかった。さらに、ケインズの専売特許である公共事業の増大についても、ピグーはその必要性を十分に認識していたのである。

　しかし、時代はケインズに味方した。ピグーは、マーシャルと同様、新古典派の代表であり、当然のことながら、価格の伸縮性に信頼を置いた経済学を信奉したと見られた。賃金も立派な要素価格なので、需要と供給の相互作用によって決定される。だから、失業者がいる場合は、伸縮性を持った賃金が低下し、それに対応するように、雇用が拡大することになる。ケインズは、ピグーの理論を単純化し、自分の理論を際立たせるために、自分に都合のよいように用いた。後の研究者は、ケインズの主張を信じたのである。

ケインズによって、悪者にされたピグーではあるが、ケインズの死後数年経ってから、『ケインズの一般理論』（一九五〇年）を書いた。その中で、ピグーは、ケインズの理論が全体として正しかったことを、上品にも認めることとなった。ケインズにあれほど鞭打たれたピグーが、である。これは、ピグーの精神がいかに高潔であるかを物語るエピソードではないか。ピグーのように、真理に対する謙虚さを持つ者こそ、真の勝者である。

第Ⅸ章

ケインズ経済学

ジョン・メイナード・ケインズ

主著『雇用・利子および貨幣の一般理論』（一九三六年）、『平和の経済的帰結』（一九一九年）、『貨幣改革論』（一九二三年）、『自由放任の終焉』（一九二六年）、『貨幣論』（一九三〇年）、『説得論集』（一九三一年）、『人物評伝』（一九三三年）

（1883-1946 年）

ケインズは、一八八三年六月五日、ケンブリッジのハーヴェイ・ロード6番地で生まれた。パブリック・スクールであるイートン校からイギリスの名門ケンブリッジ大学のキングズ・カレッジへ、古典と数学を学ぶために進学して三年間勉強した後、数学優等卒業試験の第一二位で卒業した。その後、公務員試験のために勉強した後、インド省に入省したものの、お役所仕事になじめず、マーシャルの計らいで、一九〇八年六月、ケンブリッジ大学経済学講師として母校に戻る。

一九一四年八月、第一次世界大戦が勃発すると、請われて大蔵省に入省する。そこでの働きを認められ、一九一九年のヴェルサイユ講和条約に際しては、大蔵省主席代表として出席する。しかし、ドイツに対する懲罰的な条約締結に抗議して六月に大蔵省を辞職し、自分の見解をまとめた『平和の経済的帰結』を一二月に出版する。この出版により、ケインズの名前は全世界に広まることになった。

第一次世界大戦後は、大学での研究や学生指導を行い、実業界や大学の会計官等でも活躍する。一九二五年八月四日、ロシア人バレリーナであるリディア・ロポコヴァと結婚すると同時に、イギリス南部サセックス州にあるティルトンの別荘を購入し、充実した私生活を出発させる。リディアと共にカマーゴ・バレエ協会を発会させ、ロンドン芸術劇場クラブの公演等に積極的に取り組んだ。

一九二九年一〇月二四日、アメリカ株式市場での株価暴落により世界恐慌が始まる。一九三〇年には大著『貨幣論』（上・下巻）を出版したが、外部からの批判だけでなく、内部のサークルである「サーカス」からの批判もあり、新しい書物に取り掛かることになる。『説得論集』（一九三一年）、『繁栄への道』（一九三三年）、『人物評伝』（一九三三年）と続けて出版した後、マルサス没後一〇〇年記念講演会の開催（一九三五年三月二日）やケンブリッジ芸術劇場の開場（一九三六年二月三日）を進めつつ、主著『雇用・利子および貨幣の一般理論』を出版した。

その後、超人的な活躍による疲労が重なったために風邪をこじらせ、一九三七年六月には心臓病（冠状動脈血栓症）を再発させる。この発病はかなり重症で、ケインズはまさに死の淵を彷徨うことになったのである。しかし、医師のプレッシュや妻リディアの必死の看病のために、奇跡的に病気から回復することができた。

一九三九年九月には第二次世界大戦が勃発する。今回も、大蔵省から戦費調達などのために招聘を受け、イギリスのために働くことになる。ケインズは、アメリカとの対英借款交渉など、不自由な体をおして、数々の難題に取り組んだ。

その一方で、一九四一年一〇月にはナショナル・ギャラリー管理委員会委員、同年一〇月にはイングランド銀行理事、一九四二年二月にはCEMA委員会委員長など、数々の仕事を精力的にこなす。一九四四年七月からはブレトンウッズ会議で戦後の国際金融問題を話し合い、一九四六年三月にはサヴァナ会議でIMFと世界銀行の設立が決まる。そうした活動の疲労が蓄積したこともあってか、同年四月二一日に急逝する。享年六二歳であった。

まず、ケインズの資本主義観を確認しておきたい。アダム・スミスの資本主義は、自由競争市場、私有財産制、利益の追求（営利原則）、労働と資本の対立、立法国家（小さな政府）という五つの特徴を持つものであり、それに対立するマルクスの共産主義は、計画（管理）市場、共有財産制、利益の管理（平等原則）、労働者中心、管理国家（大きな政府）というものであった。ケインズは、アダム・スミスとマルクスの考え方を、どちらも好ましいとは考えなかった。なぜならば、共産主義は自由と効率を犠牲にして公正と平等を達成しようとしているし、資本主義は公正と平等を考慮せずに自由と効率を追及しているからである。

ケインズは、「自由放任の終わり」の中で、有名なキリンの例を用いて、「キリンの福祉を心から気に掛けているのであれば、首が短いキリンが飢えに苦しんでいること、美味しい葉がキリン同士の戦いで地面に落ちて踏みつけられていること、首の長いキリンが食べ過ぎになっていること、本来は穏やかなキリンの顔が不安や貪欲な闘争心で歪んでいることを見逃すわけにはいかない」と述べた。資本主義は、自由と効率性を追求しすぎるために、多くの問題を抱えている。独占や貧富の差をはじめ、完全雇用や公共財を提供できないことがそうである。

しかし、ケインズは、自由と効率を犠牲にして公正と平等を達成しようとしている共産主義ではなく、多くの問題を抱えてはいるものの、資本主義を賢明に管理していく方がよいと考える。それゆえにケインズは、自由を守るために計画（管理）を導入し、私有財産制や利益の追求（営利原則）はそのまま維持することで活力を与え、所得の再分配政策を用いて貧富の差や有効需要の減少を解消し、公共財の提供や雇用の確保を強力に推進する行政国家（賢明な政府）を提唱するのである。

●資料22●　ケインズの資本主義観……………………………

多くの人が、実際には生活様式としての資本主義そのものに反対しているのに、資本主義自体の目標を達成する点で効率が悪いことを根拠に反対しているかのように語っている。逆に、資本主義の熱心な支持者は往々にして極端なまでに保守的になっており、実際には資本主義を強化し、維持するのに役立つ可能性があっても、資本主義から離れる第一歩になりかねないと恐れて、技術的な改革を拒否している。とはいえ、いずれ時期がくれば、資本主義を効率的かどうかという技術的な観点での議論と、資本主義そのものが望ましいか望ましくないかという観点での議論とを、現在よりもはっきりと区別できる様になるだろう。

わたし自身の見方をいうなら、資本主義は賢明に管理すれば、現時点で知られているかぎりのどの制度よりも、経済的な目標を達成する点で効率的になりうるが、それ自体としてみた場合、さまざまな点で極端に嫌悪すべき性格をもっていると思う。いまの時代に課題になるのは、効率性を最大限に確保しながら、満足できる生活様式に関する見方とぶつからない社会組織を作り上げることである（『説得論集』「自由放任の終わり」）。

●資料23● ケインズの自由放任主義批判……………………

さまざまな時期に自由放任の教義を基礎づけてきた形而上学の原理や一般的な原理を、ここで一掃しようではないか。個人が経済活動に関して、慣行として「自然的な自由」を与えられているというのは、事実ではない。もてるもの、取得せるものに恒久的な権利を与える

「社会契約」は、実際には存在しない。世の中が、私益と公益がつねに一致するように天上から統治されているというのは、事実ではない。現実に私益と公益が一致するように地上で管理されているというのも、事実ではない。洗練された自己利益がつねに公共の利益になるように作用するというのは、経済学の原則からの推論として、正しくはない。自己利益がつねに洗練されているというのは、事実ではない。個人が独立して自分の目標を追求するとき、あまりに無知かあまりに無力なために、自分の目標すら達成できない場合の方が多い。事実を見ていけば、個人が社会的な組織の一員として行動している時には、個々人がばらばらに行動している時より先を見通せていないとはいえない『説得論集』（「自由放任の終わり」）。

次に、ケインズの社会階級観を見てみたい。彼は、社会を三つの階級に分けて考える。第一は、投資家階級（rentiers）である。彼らは海外への投資や企業の株式などを所有し、インカム・ゲイン（配当益）やキャピタル・ゲイン（値上がり益）を獲得する。この投資家階級が、流動性選好説による利子率の決定に加わることになる。第二は、企業家階級（entrepreneurs）である。彼らは、資本や労働を用いて生産を行い、経済社会を発展させる。この企業家階級が、資本の限界効率と利子率との関係により、有効需要の中心となる投資を決定する。第三は、労働者階級（labours）である。彼らは、生産や販売のために雇われる。雇用量は、派生需要として投資の規模によって決定されるので、労働者の生活状態を決めるのは、投資家階級による投機行動や企業家階級による投資行動だということになる。労働者階級にとっては、まったく不条理な社会構造となっている。

さて、以上のような考察をもとに、ケインズの有名な「有効需要の原理」（the principle of effective demand）を見ておこう。

ケインズは、社会全体の有効需要が消費と投資からなることを示した後、その解決の鍵が企業が実施する投資にあることを鋭く認識する。企業の投資行動は、「流動性選好説」（the theory of liquidity preference）で決定された「利子率」（rate of interest）と企業家の予想利潤率である「資本の限界効率」（marginal efficiency of capital）によって決まる。一方、消費は国民所得に依存しており、極めて安定的な関係を持っているだけでなく、「限界消費性向」（marginal propensity to consume）は0と1の間にあると想定する。この限界消費性向は「投資乗数」（Multiplier）とパラレルの関係にあり、投資の増大が乗数倍の国民所得の増大を生むことを示す。そして、まさに消費と投資からなるこの有効需要が、一国全体の国民所得、すなわち雇用量を決定することになる。

●資料24●　ケインズの「有効需要の原理」……………………

この理論は、次の諸命題に要約することができる。

(1)　技術、資源および費用が一定の状態においては、所得（貨幣所得および実質所得の双方）は雇用量Nに依存する。

(2)　社会の所得とそれが消費に支出されると期待されうる額―それをD_1で示す―との間の関係は、社会の消費性向と呼ばれる社会の心理的特徴に依存する。すなわち、消費は、消費性向になんらかの変化のある場合以外は、総所得水準、したがってまた雇用水準Nに依存する。

(3)　企業者が雇用しようと決意する労働量Nは、二つの量、すなわち社会が消費に支出すると期待される量D_1と、社会が新投資に向けると期待される量D_2との合計（D）に依存する。Dはさきに有効需要と呼んだものである。

(4)　均衡においては、$D_1+D_2=D=\phi(N)$―ここでは総供給関数―であり、また、上の(2)において見たように、D_1は消費性向に依存するNの関数―それを$\chi(N)$と書くことが出来る―であるから、$\phi(N)-\chi(N)=D_2$となる。

(5)　したがって、均衡状態にある雇用量は、（イ）総供給関数ϕ、（ロ）消費性向χ、および（ハ）投資量D_2に依存する。これが雇用の一般理論の核心である。

(6) Nのあらゆる値に対して、賃金財産業における労働の限界生産力が対応している。そして実質賃金を決定するものはこれである。したがって、(5)は、Nは実質賃金を労働の限界不効用と均衡させる値を超えることができないという条件によって制約されている。このことは、貨幣賃金が不変であるという、われわれの一時的な想定と両立しうるのはDの変化のすべてではないということを意味する。したがって、この想定を取り除くことは、われわれの理論の完全な記述にとって不可欠である。

(7) Nのすべての値に対して$D=\phi$（Z）であるとみなす古典派理論においては、雇用量はNの極大値以下のすべての値において中立的均衡の状態にあり、したがって企業者間の競争の力がそれをこの極大値にまで押しやると期待されている。古典派理論においては、この点においてのみ安定的均衡が存在しうるのである。

(8) 雇用が増加するときには、D_1は増加するであろう。しかし、それはDと同じだけは増加しないであろう。その理由は、われわれの所得が増加するときにはわれわれの消費も増加するけれども、後者は前者と同じだけは増加しないからである。われわれの実践的な問題への鍵はこの心理法則の中に見出されなければならない。なぜなら、このことから、雇用量が大きくなればなるほど、それに対応する産出量の総供給価格（Z）と企業者が消費者の支出から取り戻すと期待することのできる額（D_1）との間の開きがますます大きくなる、という結論が導かれるからである。したがって、もし消費性向に変化がないならば、ZとD1との間の増大していく差を埋めるように、D2が同時に増加しないかぎり、雇用は増加することができない。かくして、―雇用が増加する場合に、ZとD1との間の拡大していく差を埋めるに足るだけ、つねにD2を増加させるなんらかの力が作用しているという古典派理論の特殊な想定に基づかないかぎり―経済体系は、完全雇用よりも低い水準のN、すなわち総需要関数と総供給関数との交点によって与えられる水準のNをもつ安定的均衡の状態におかれることがある（『雇用・利子および貨幣の一般理論』第1篇第3章）。

経済が不況になれば、企業の予想利潤率である「資本の限界効率」は低下していくため、かなり低い利子率でないと民間の投資は期待できない。また、社会が豊かになればなるほど、個人は稼いだお金を使う必要が無くなり、限界消費性向は低下していく。そのために、消費と投資からなる有効需要は徐々に減少していき、一国全体の国民所得（雇用）も低い水準に移行していかざるを得ない。その結果が、現行の貨幣賃金で働きたくても働けない「非自発的失業者」（involuntary unemployment）の存在だったのである。このように、現実の経済は失業者を含んだ均衡（失業均衡）の状態にあり、自動的に完全雇用均衡に向かう力を持っていないと考えたケインズは、創造力と多様性に富んだ経済社会を維持発展させるために、賢明な政府の施策に強く期待することになる。それが、有名なケインズの総需要管理政策と言われるものであった。

●資料25● リカードウ経済学の勝利……………………

総需要関数を無視してかまわないという考え方は、リカードウ経済学にとって根本的なものであって、その経済学こそが過去一世紀以上にわたってわれわれが教えられてきたものの基礎をなしているのである。……リカードウ派の勝利が完璧であったことは奇妙でもあり不思議でもある。その理由は、その学説の中に、周囲の環境に適合する一群の性質があったからに違いない。私の考えでは、それが一般の教養のない人々の期待とはまったく異なる結論に到達したことは、その知的威信を高めた。その教義が現実に適用されたとき、峻烈でありしばしば不快なものであったことは、それに徳性を与えた。それが巨大な整合的な論理的上部構造を担うのに適したものであったことは、それに美を与えた。それが多くの社会的不正義と一見して明らかな残酷とを進歩の機構にともなう不可避な出来事として説明し、そのようなことがらを改変しようとする試みは概して有益であるよりもむしろ有害であると説明することができたことは、それを権力者の気に入るものにした。それが個々の資本家の自由な活動に一定の正当化の根拠を与えたことは、それに権力者の背後にある支配的な社会勢力の支持を集めた（『雇用・利子および貨幣の一般理論』第1篇第3章）。

図表3　デフレ・ギャップの解消

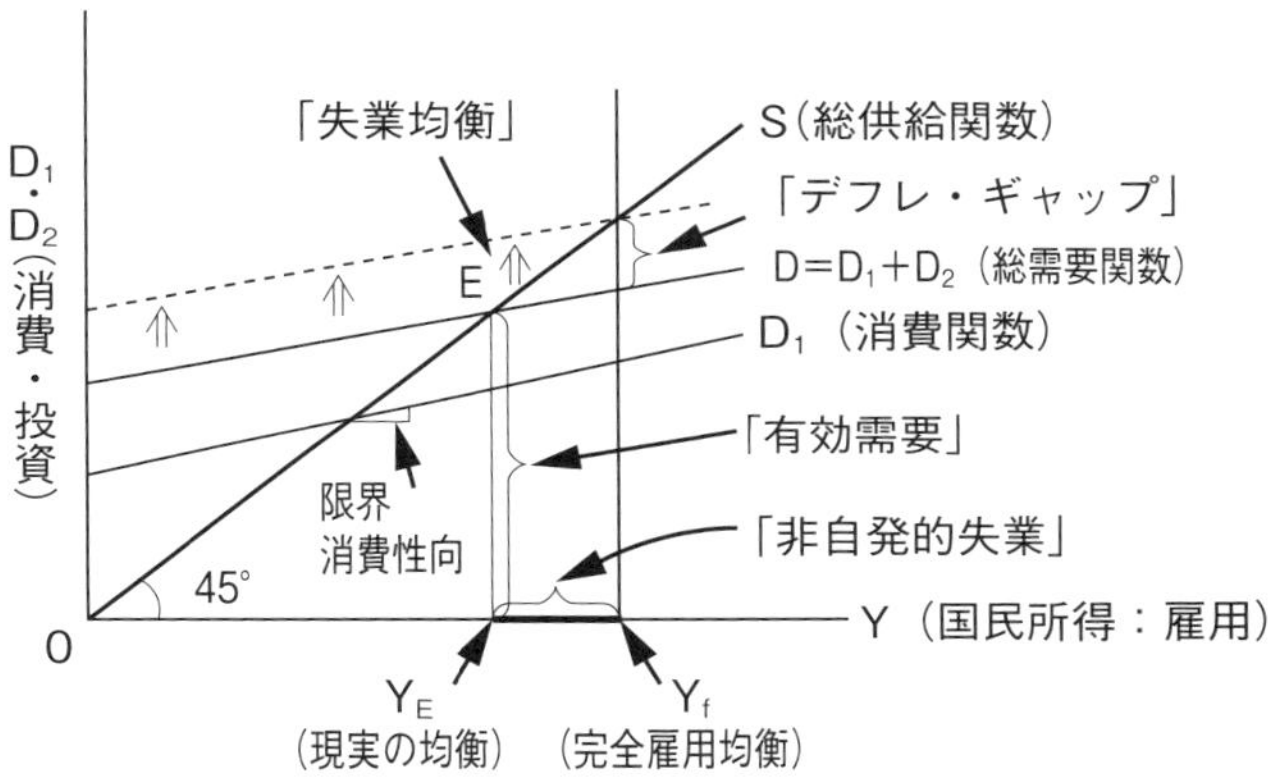

ケインズの総需要管理政策とは、政府が財政・金融政策を用いて、「総需要」（投資と消費）の管理・調整を行い、一国全体の経済活動をわれわれ国民にとって望ましい水準に維持する政策のことを指す。具体的には、量的緩和政策（金融政策）、公共投資政策（財政政策）、増・減税や所得の再分配政策（社会的弱者に優しい財政政策）等のことである。景気が悪い時には金融を緩めて金利を引き下げ、減税や補助金などの財政政策を行う。それでも不況が改善しない時には、国債発行による公共投資を実施し、デフレ・ギャップを解消することになるのである。

●資料26● ケインズの思想と既得権益……………………

経済学者や政治学者の思想は、それが正しい場合にも間違っている場合にも、一般に考えられているよりもはるかに強力である。事実、世界を支配するものはそれ以外にはないのである。どのような知的影響とも無縁であるとみずから信じている実際家たちも、過去のある経済学者の奴隷であるのが普通である。権力の座にあって天声を聞くと称する狂人たちも、数年前のある三文学者から彼らの気違いじみた考えを引き出しているのである。私は、既得権益の力は思想の力の漸進的な浸透に比べて著しく誇張されていると思う。もちろん、思想の浸透はただちにではなく、ある時間をおいた後に行われるものである。なぜなら、経済哲学および政治哲学の分野では、二五歳ないし三〇歳以後になって新しい理論の影響を受ける人は多くなく、したがって官僚や政治家やさらには扇動家でさえも、現在の事態に適用する思想はおそらく最新のものではないからである。しかし、遅かれ早かれ、良かれ悪しかれ危険なものは、既得権益ではなくて思想である（『雇用・利子および貨幣の一般理論』第6篇第24章）。

最後に、ケインズの有機的統一の原理と将来ビジョンを見ておきたい。

ケインズは、若き日にムーアから学んだ功利主義批判と有機的統一の原理を、生涯保持し続けた。たとえば、全体の美は、その各部分の美の合計ではないという意味で、一個の有機的統一体である。個々の美を合計しても、全体の美になるわけではないし、そもそも全体の美は、個々の美に分解できない。有機的統一の原理とは、個々に妥当するものを集めても、全体の価値になることは無いことを示したものである。

ケインズは、この有機的統一の原理を、自分の経済理論に応用する。いわゆる、「貯蓄のパラドックス」（paradox of saving）と言われるものがそれである。個人が、所得の中で貯蓄を増やしたとすると、確かに個人にとって見れば、自分の貯蓄が増えることを意味するが、社会全体の人がすべてそのように行動すれば、全体としての貯蓄は増えない。なぜなら、貯蓄の増大は、消費の減少を意味し、社会全体の有効需要は減少するので、生産と雇用に悪影響を及ぼし、最終的には社会全体の貯蓄は減少するからである。われわれは、このような現象を「合成の誤謬《ごびゅう》」（fallacy of composition）と呼んでおり、企業家の行うリストラや賃金引下げも、まったく同じように考えることができる。

ケインズの将来ビジョンは、自分の経済理論を現実の経済社会に適用することで、人々を悩ましていた不況を克服した後に訪れる、完全雇用状態における人間の麗しき生き方にある。前にも見たように、彼は自由主義経済学とマルクス経済学が、共に多くの問題を抱えているだけでなく、社会生活における経済的要因を過大視していることから、彼らの見解に賛同できなかった。

ケインズは、私達人間が、愛・美・知識・友情を享受するために、短いあいだこの世に送られてきた存在だと考えるのである。ケインズにとって、人生の主目的は、経済的な成功や名声などではなく、人と人の交わりからもたらされる愛情であり、絵画や音楽の鑑賞などから得られる美的体験の創造と享受であり、学問の修得から得られる知識の追求であった。ケインズは、若き日にムーアから学んだ功利主義批判と有機的統一の原理を、生涯を通じて大切に温めていたのである。

●資料27● ケインズの若き日の信条

大切なのはただ精神の状態だけであった。それは主にわれわれ自身の精神の状態であった。こうした精神の状態は、行動、成果、結果とはまったく関係がなかった。それは時間を超越した、情熱的な観照（contemplation）と親交（communion）の状態にあり、事の「あと」「さき」とは関係がなかった。それらの価値は、有機的統一の原理に従い、全体としての事物の状態によって決定されるので、部分に分解して分析することは出来なかった。たとえば、愛しているという精神の状態の価値は、ただ単に本人の感情の性質に依存するのでなく、感情の対象の真価やその対象の感情の反応や性質によるものである。けれども、そうした価値は、私の記憶に誤りが無ければ、一年後になって何が起こったか、また当人がそれをどう感じたかにはまったく係わりがなかった。もっとも私自身は、常に一貫して有機的統一の原理の主張者であり、今でもそれだけが理に適ったものだと考えている。情熱的な観照と親交とにふさわしい主題は、最愛の人、美、および真理である。人生の主目的は、愛であり、美的体験の創造と享受であり、知識の追求であった。その中でも、愛が断然一位を占めていた（『人物評伝』「若き日の信条」）。

COLUMN 11

ケインズとヴィトゲンシュタイン

ケンブリッジ分析哲学の創始者の一人であったラッセルは、「ケインズの知性は、私が知るかぎりで、もっとも鋭敏で明晰なものだった。私は彼と議論したときにはいつも、命が縮まるような思いがしたし、また、自分が何か愚かな者であるという気持ちに落ち込まないことは稀であった」と回想した。そのように頭脳明晰なケインズが「神」と呼んだ人物が、オーストリア出身のヴィトゲンシュタインであった。

ヴィトゲンシュタインは、一九一二年トリニティ・カレッジに入学し、ムーアやラッセルの講義に出席する。一年もたたないうちに、ラッセルはヴィトゲンシュタインに教えることがなくなり、ヴィトゲンシュタインはラッセル『数学原理』の強力な批判者となる。一九一三年からは、ノルウェイのソグネ・フィヨルドで有名なショルデンに小さな家を建て、論理学上の諸問題を考察する。第一次世界大戦が始まるや否や志願兵となり、クラクフやオルミッツなどで過ごし、ロシア戦線やイタリア戦線のような激しい戦闘に参加する。そのような激戦の中、一九一八年の短い休暇中に、あの『論理哲学論考』を書き上げたのである。

『論理哲学論考』の原稿が、ラッセルの手元に届き、出版されるまでには、幾多の困難が待ち受けていた。ケインズは、当時イギリス大蔵省の主席代表として、ヴェルサイユ講和条約での交渉に当たっていた。しかし、ヴィトゲンシュタインの『論理哲学論考』が極めて重要であることを強く認識していたことから、イギリス政府の重要書類として、一九一九年の六月に無事ラッセルの手元に送り届けた。

出版に関しても、困難を極めた。ヴィトゲンシュタインは、ドイツの幾つかの出版社から内容が難しすぎるとして出版を断られ、自力での出版を諦めてしまう。そして、なんと小学校の教員免許を取り、一九二〇年の九月からウィーン郊外のトラテンバッハで教師生活を始めたのである。『論理哲学論考』の出版をラッセルに頼んでのことであった。しかし、頼まれたラッセルらの必死の努力で、『論理哲学論考』は、一九二一年秋にドイツの『自然哲学年報』に掲載され、一九二二年の一一月には、ケンブリッジの哲学者ラムゼイの英訳でロンドンでも出版されたのである。

ケインズは、ヴィトゲンシュタインの天才を鋭く見抜き、金銭上の援助を行うだけでなく、彼がケンブリッジで活躍することを強く願った。一九二九年一月になると、キングズ・

カレッジに彼を招き、それからトリニティ・カレッジへの再入学に奔走した。ヴィトゲンシュタインは、学位論文として『論理哲学論考』を提出し、六月一八日にめでたく哲学博士の学位を授与された後は、ムーアやラムゼイの推薦もあり、一九三〇年一月からケンブリッジで講義を開始することになる。そして、

一九三九年二月一一日、遂にムーアの後任としてケンブリッジ大学教授となった。ここで、この人事を強力に推進したのが、ケンブリッジ大学で強い発言力を持っていたケインズその人であった。ケインズなくして、ヴィトゲンシュタインの活躍はなく、さらにイギリス分析哲学の発展はなかったのである。

第X章

シュンペーターの経済学

ヨゼフ・アロイス・シュンペーター

主著『景気循環論』(一九三九年)、『理論経済学の本質と主内容』(一九〇八年)、『経済発展の理論』(一九一二年)、『経済学史』(一九一四年)、『資本主義・社会主義・民主主義』(一九四二年)、『経済分析の歴史』(一九五四年)

(1883-1950 年)

シュンペーターは、一八八三年二月八日、オーストリアのトリーシュに生まれる。父アロイスが彼の幼少の頃亡くなったために、母ヨハンナはハンガリー人のケラー陸軍中将と再婚する。母の再婚のお陰で彼は、名門校であるテレジアヌムで学んだ後、一九〇一年にウィーン大学法学部に入学する。大学では経済学などを研究し、一九〇六年に法学博士の学位を取得した。一九〇七年、クレディス・シーヴァーと結婚後、法律家として国際裁判所で働き、エジプト王妃の財政顧問となる。そして、若干二五歳で『理論経済学の本質と主内容』(一九〇八年)を出版する。この書物の出版が契機となり、一九〇九年、チェルノビッツ大学教授就任に続いて、一九一一年にはグラーツ大学教授となる。二九歳の時には、「新結合」(neue kombination)という用語で有名な『経済発展の理論』(一九一二年)を発行し、名声を確立する。この書物は、企業家のイノベーションを中心に、経済システムの進化(evolution)を丁寧に論じたものであった。

●資料28●　シュンペーターの新結合……………………

この概念は、次の五つの場合を含んでいる。

(1)　新しい財貨、すなわち消費者の間でまだ知られていない財貨、あるいは新しい品質の財貨の生産。

(2)　新しい生産方法、すなわち当該産業部門において実際上未知な生産方法の導入。これはけっして科学的に新しい発見に基づく必要はなく、また商品の商業的取扱いに関する新しい方法をも含んでいる。

(3)　新しい販路の開拓、すなわち当該国の当該産業部門が従来参加していなかった市場の開拓。ただしこの市場が既存のものであるかどうかは問わない。

(4)　原料あるいは半製品の新しい供給源の獲得。この場合においても、この供給源が既存のものであるか―単に見逃されていたのか、その獲得が不可能とみなされていたのかを問わず―あるいは、はじめてつくり出されねばならないかは問わない。

(5)　新しい組織の実現、すなわち独占的地位（たとえばトラスト化による）の形成あるいは独占の打破（『経済発展の理論』第2章）。

図表4　コンドラティエフ循環と三循環図式

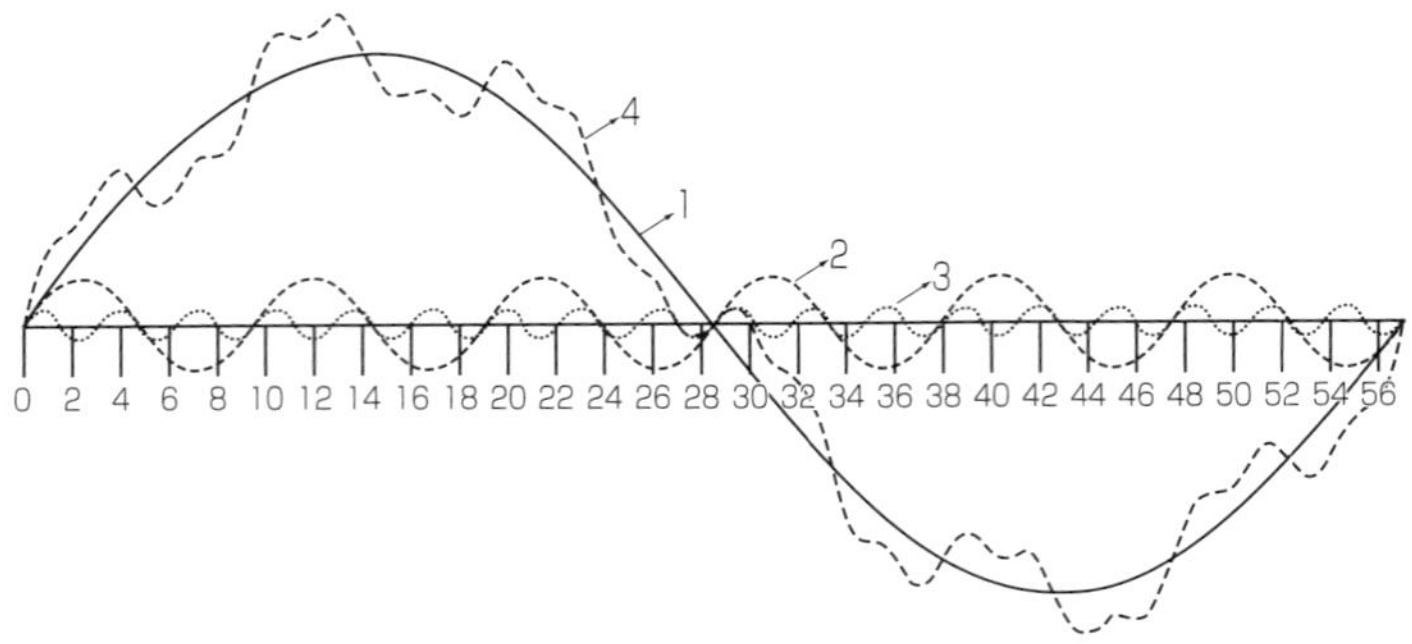

曲線1＝長期循環（コンドラティエフ循環）、曲線2＝中期循環（ジュグラー循環）、曲線3＝短期循環（キチン循環）、曲線4＝1〜3の和

出所：『景気循環論』第5章317頁。

一九一四年に『経済学史』を公刊した後、第一次世界大戦の敗戦時には、オーストリアの大蔵大臣に就任（一九一九年三月から一〇月まで）した。しかし、そこでの政争に敗れ、蔵相の退任を余儀なくされる。わずか七カ月の在任期間であった。一九二〇年には、クレディス・シーヴァーとの協議離婚が成立する。一九二二年になると、ビーダーマン銀行の頭取に就任（一九二一年七月から一九二四年九月まで）するが、その銀行が破産し頭取を解任されると、多額の借金に悩んだ。政界や財界に、彼が活躍する場所は無かったのである。

一九二五年、アニー・ライジンガーと再婚した後、ボン大学教授となる。しかし、この再婚も、出産に際して母子共に亡くなるという悲劇となって終わりを告げた。同じ時期に、最愛の母も死去したので、シュンペーターは度重なる不運に見舞われ、憂鬱と孤独の状態に陥らざるを得なかった。

一九二七年にハーバード大学客員教授になった後、一九三一年には来日し、一橋大学・東京大学・神戸大学で講演を行う。日本から帰国した後ボン大学を辞任し、一九三二年にはハーバード大学教授となる。ここで、都留重人、サミュエルソン、マスグレイブ、スイージー、トービンなどの優秀な経済学者を育てる。一九三七年には、エリザベス・ブーディーと三度目の結婚をする。この結婚は、シュンペーターに多くの幸せをもたすことになった。

一九三九年、主著『景気循環論』を発行することで、『理論経済学の本質と主内容』や『経済発展の理論』と併せて、彼の理論経済学三部作とした。一九四二年には、社会体制の移行を論じた『資本主義・社会主義・民主主義』を出版し好評を博す。この書物にある「創造的破壊」（creative destruction）という用語は、多くの研究者を惹きつけた。一九五〇年一月八日、シュンペーターは脳溢血に襲われ、波乱の生涯を閉じる。彼の死後、夫人たちの手で大作となった『経済分析の歴史』（一九五四年）が刊行された。

●資料29● シュンペーターの社会体制移行

私の確立しようとする論旨はこうである。すなわち、資本主義体制の現実的かつ展望的な成果は、資本主義が経済上の失敗の圧力に耐えかねて崩壊するとの考え方を否定するものであり、むしろ資本主義の非常な成功こそがそれを擁護している社会体制をくつがえし、かつ、「不可避的に」その存続を不可能にし、その後継者として社会主義を強く志向するような事態を作りだすということである。それ故に、私の議論の運び方がいかに異なっていようとも、最終的結論においては、私もたいていの社会主義的著書、ことにすべてのマルクス主義者のそれとは異なっていないのである（『資本主義・社会主義・民主主義』第2部「資本主義は生き延びうるか」プロローグ）。

COLUMN 12

シュンペーターとケインズ

シュンペーターとケインズは、二人とも一八八三年の生まれであり、第一次世界大戦――の勃発、大恐慌の発生、ヒトラーの出現、第二次世界大戦の開戦といった激動の中を駆け抜けた天才たちであった。マルクスがその年の三月一四日に亡くなったのも、何かを象徴しているように感じる。同じ時代を生きた二人ではあるが、目指す経済学がまったく違っていたこともあり、お互いに理解しあうことはなかった。

不況は単なる「お湿り」であり、イノベーションこそが資本主義の核心だとしたシュンペーターと、その資本主義には有効需要の不足が存在し、完全雇用は実現しないと考えたケインズ。「長期にはわれわれは皆死んでしまう」として短期分析を主張したケインズと、一〇〇年単位で経済学を考察したシュンペーター。そのシュンペーターは、ケインズ『一般理論』への書評に次のように書いた。

「この本のメッセージを受け入れる人には、フランスのアンシャン・レジームの歴史を次のように書き換えてもらうことにしよう。ルイ一五世は開明的な君主だった。支出を刺激する必要を認めた王は、マダム・ドゥ・ポンパドゥールとマダム・ドゥ・バリーという専門の浪費家に働いてもらうことにした。二人は素晴らしい効率性を持って支出をした。完全雇用、最大の生産量、そして最大の効用がもたらされるはずではなかったか。しかし、実際にもたらされたのは悲惨と悪徳であり、最後には大量の血が流されることになった。もっともこれは単なる偶然なのかもしれないが」。

ケインズでなくても、このような書評をよこした人物を好ましく思う人はいないであろう。ケインズは、同時代に生きたこの天才を、徹底的に無視したのである。シュンペーターにも言い分はあった。一九三六年の春にケインズの『雇用・利子および貨幣の一般理論』が出版された時、彼の主著『景気循環論』はすでに完成していた。しかし、自分の弟子の多くが、ケインズの『雇用・利子および貨幣の一般理論』に飛びついたために出版の機会を失い、三年後の一九三九年に刊行されたときにはあまり評判にならなかったのである。
可哀想なシュンペーター。

シュンペーターの三番目の妻であるエリザベス・ブーディーも、「説明の難しいある理由によって、彼ら二人の間の関係は、個人的にも専門的にも、親密なものではなかった」と述べている。一九三〇年にケインズが『貨幣論』を出版した時にも、シュンペーターは自ら用意していた貨幣論の出版を取り止めたことがあった。同時代に生きた天才たち。天才であるがゆえに高いプライドを持ち続けたことから、お互いの仕事に対して決して譲ることは無かったのである。

参考文献

〔原典〕

カンティロン『商業の本質』一七五五年。

ケネー『経済表』一七五八年。

チュルゴ『富の形成と分配に関する諸考察』一七七〇年。

マン『外国貿易によるイングランドの財宝』一六六四年。

ペティ『租税貢納論』一六六二年、『政治算術』一六九二年。

ロック『人間知性論』一六八九年、『統治二論』一六八九年。

ロー『貨幣および交易論』一七〇五年。

ヒューム『人性論』一七三九年、『政治論集』一七五二年。

スチュアート『経済の原理』一七六七年。

スミス『道徳感情論』一七五九年、『国富論』一七七六年。

マルサス『人口論』一七九八年、『経済学原理』一八二〇年。

リカードウ『経済学と課税の原理』一八一七年。

ミル『経済学原理』一八四八年、『自由論』一八五九年、『功利主義論』一八六一年、『ミル自伝』一八七三年。

マルクス『共産党宣言』一八四八年、『経済学批判』一八五九年、『資本論』第1巻・一八六七年。

ジェヴォンズ『石炭問題』一八六五年、『経済学の理論』一八七一年、『通貨と金融の理論』一八八四年。

メンガー『国民経済学原理』一八七一年、『ドイツ経済学における歴史主義の誤謬』一八八四年。

ワルラス『純粋経済学要論』一八七四年・一八七七年、『社会的富の数学的理論』一八七七年。

マーシャル『経済学原理』一八九〇年、『貨幣・信用・商業』一九二三年。

ピグー『厚生経済学』一九二〇年、『失業の理論』一九三三年。

ケインズ『平和の経済的帰結』一九一九年、『貨幣改革論』一九二三年、『自由放任の終焉』一九二六年、『貨幣論』一九三〇年、『説得論集』一九三一年、『人物評伝』一九三三年、『雇用・利子および貨幣の一般理論』一九三六年。

シュンペーター『理論経済学の本質と主内容』一九〇八年、『経済発展の理論』一九一二年、『経済学史』一九一四年、『景気循環論』一九三九年、『資本主義・社会主義・民主主義』一九四二年、『経済分析の歴史』一九五四年。

〔一般文献〕

ガルブレイス著、都留重人監訳『不確実性の時代』TBS・ブリタニカ、一九七八年。

ガルブレイス著、鈴木哲太郎訳『経済学の歴史』ダイヤモンド社、一九八八年。

ディーン著、中矢俊博他訳『経済認識の歩み』名古屋大学出版会、一九九五年。

ブローグ著、中矢俊博訳『ケインズ以前の100大経済学者』同文舘出版、一九八九年。

ブローグ著、中矢俊博訳『ケインズ経済学入門』東洋経済新報社、一九九一年。

ブローグ著、中矢俊博訳『ケインズ以後の100大経済学者』同文舘出版、一九九四年。

ブローグ著、久保芳和他訳『経済理論の歴史1 古典学派の展開』(新版)東洋経済新報社、一九八二年。

ホジソン著、中矢俊博他訳『現代制度派経済学宣言』名古屋大学出版会、一九九七年。

経済学史学会編『経済思想史辞典』丸善、二〇〇〇年。

中矢俊博著『ケンブリッジ経済学研究』同文舘出版、一九九七年。

中矢俊博共編著『マルサス派の経済学者たち』日本経済評論社、二〇〇〇年。

中矢俊博著『ケインズとケンブリッジ芸術劇場』同文舘出版、二〇〇八年。

中矢俊博著『入門書を読む前の経済学入門』(第三版)同文舘出版、二〇一一年。

中矢俊博著『やさしい経済学史』日本経済評論社、二〇一二年。

【な　行】

【は　行】

【や　行】

【ら　行】

【さ　行】

【た　行】

索　引

《著者紹介》

中矢　俊博（なかや・としひろ）

1949 年　北九州・小倉生まれ
1973 年　名古屋市立大学経済学部卒業
1979 年　南山大学大学院経済学研究科満期退学
1979 年　南山大学経済学部助手・講師・助教授を経て、
1994 年　南山大学経済学部教授
現　在　南山大学名誉教授　名古屋大学博士（経済学）

《著書》

1997 年『ケンブリッジ経済学研究』同文舘出版
2008 年『ケインズとケンブリッジ芸術劇場』同文舘出版
2014 年『天才経済学者たちの闘いの歴史』同文舘出版
2016 年『学びなおし経済学』日本実業出版社
2018 年『ケインズ経済学研究』同文舘出版
その他多数

平成26年3月20日　初版発行　　《検印省略》
平成31年4月5日　初版3刷発行　　略称—天才経済学者

天才経済学者たちの闘いの歴史
—経済学史入門—

著　者　中　矢　俊　博
発行者　中　島　治　久

発行所　**同文舘出版株式会社**
東京都千代田区神田神保町 1-41　〒101-0051
電話　営業(03)3294-1801　編集(03)3294-1803
振替　00100-8-42935　http://www.dobunkan.co.jp

印刷：三美印刷
製本：三美印刷

ISBN 978-4-495-44151-7